AF643852

VINDOBONA
VERLAG SEIT 1946

ERNEST E. KRAXNER

HANS MOSER

Seelenwanderung

BERÜHRENDE ZEITREISE EINER AUF DER ERDE INKARNIERTEN SEELE

VINDOBONA
VERLAG SEIT 1946

Bibliografische Information
der Deutschen Nationalbibliothek:

Die Deutsche Nationalbibliothek
verzeichnet diese Publikation in
der Deutschen Nationalbibliografie.
Detaillierte bibliografische Daten
sind im Internet über
http://www.d-nb.de abrufbar.

Alle Rechte der Verbreitung,
auch durch Film, Funk und Fernsehen,
fotomechanische Wiedergabe,
Tonträger, elektronische Datenträger und
auszugsweisen Nachdruck,
sind vorbehalten.

www.vindobonaverlag.com

© 2025 Vindobona Verlag
in der novum publishing gmbh
Rathausgasse 73, A-7311 Neckenmarkt
office@vindobonaverlag.com

ISBN 978-3-903579-13-2
Lektorat: Katja Szimmat
Umschlagfoto:
Bildarchiv der Österreichischen
Nationalbibliothek
Umschlaggestaltung, Layout & Satz:
Vindobona Verlag
Innenabbildungen:
siehe Bildquellennachweis S. 177
Autorenfoto: Ernest E. Kraxner

Die vom Autor zur Verfügung gestellten
Abbildungen wurden in der bestmöglichen Qualität gedruckt.

Gedruckt in der Europäischen Union
auf umweltfreundlichem, chlor- und
säurefrei gebleichtem Papier.

Inhaltsverzeichnis

Rechtlicher Hinweis: Im Roman sind die Handlung und alle handelnden Personen frei erfunden. Jegliche Ähnlichkeiten oder Zusammenhänge mit lebenden oder realen Personen wären rein zufällig. Erwähnte, lebende oder bereits verstorbene, Schauspieler und/oder Künstler stehen ebenfalls in keinem Zusammenhang mit der Handlung. Bei Lokalitäten sowie Institutionen handelt es sich um Originalschauplätze, die im direkten oder indirekten Zusammenhang mit der Person Hans Moser standen.

Wie kam dieser Roman zustande?

Mein Sohn Alexander ist Inhaber einer Filmproduktion in Wien.

Seine großartige Idee für die Handlung eines neuen Films war die Reinkarnation des legendären Hans Mosers in der Gegenwart.

Alexander erzählte mir begeistert von Szenen zu diesem Film, die er sich lebhaft vorstellte.

In einem weiteren Gespräch fragte er mich, ob ich als erfolgreicher Geschichtenschreiber mit ihm gemeinsam die Einleitung zu diesem Film verfassen könnte – was wir schlussendlich auch taten.

Dieses Thema interessierte mich insgeheim sehr. Doch zur Realisierung eines solchen Filmprojektes bedarf es in erster Linie eines dementsprechenden Drehbuches.

Dafür muss man jedoch einen geeigneten Drehbuchautor finden, der sich in die Thematik hineinversetzen und diese zu Papier bringen kann.

„Ich bin kein Drehbuchautor!“, gab ich zu bedenken.

Der Gedanke, einen Roman über dieses Thema zu schreiben, ließ mich dennoch nicht los, beschäftigte mich Tag und Nacht.

Ich recherchierte über den beliebten Schauspieler, sah mir veröffentlichte Bilder von ihm an, auch Fernsehfilme mit ihm, wovon ich einige natürlich kannte.

Auf einmal, wie vom Blitz getroffen hatte ich zündende Ideen für einen durchgehenden Handlungsablauf, also den sogenannten „roten Faden“.

Ich begann, den Roman zu schreiben und mich in das inkarnierte Leben des Hans Mosers hineinzuversetzen. Zwei Monate später war diese „Seelenwanderung“ fertig geschrieben.

Viel Freude beim Lesen!
Ernest E. Kraxner

Vorwort

Dodo Kresse
Großnichte von Hans Moser

Liebe Leserinnen und Leser,

als Großnichte des berühmten Volksschauspielers Hans Moser fühle ich mich geehrt, Sie auf eine ganz besondere Reise mitnehmen zu dürfen – eine Reise, die meinen Großonkel in die moderne Zeit zurückbringt. Die geniale Idee der „Seelenwanderung" stammt vom talentierten Regisseur Alex Kraxner. In einem kreativen Moment stellte sich Alex die Frage: „Was würde geschehen, wenn Hans Moser in der heutigen Welt wiedergeboren würde? Mit Smartphones, Social Media und all den anderen modernen Errungenschaften konfrontiert – wie würde er wohl reagieren? Welche seiner alten Weisheiten und liebenswerten Schrullen würden ihm helfen – oder ihn gar in Schwierigkeiten bringen?"

Alex' Vater, Ernest E. Kraxner, hat sich nun ebenfalls auf die Spuren von Hans Moser begeben und die Basis für das Drehbuch des Filmprojektes seines Sohnes geschaffen. Sein Versuch, das Wesen und den Humor dieses außergewöhnlichen Mannes einzufangen, ist geglückt. Mit viel Liebe zum Detail und einem feinen Gespür für Hans Mosers Charakterzüge hat Ernest E. Kraxner den eindrucksstarken Schauspieler ins Jetzt versetzt. Wird der „moderne Moser" hier seine Probleme der Vergangenheit lösen können? Was für Schwierigkeiten waren das, und warum möchte er sie unbedingt auflösen? Wird es ihm gelingen?

Die charmante Art, mit den Tücken und Widrigkeiten des Alltags umzugehen, machte Moser zum Volkshelden. Dieses Buch lässt diesen Wiener Charme erneut aufleben und macht dadurch die Zeitlosigkeit von Hans Mosers Humor spürbar.

Alex Kraxner und sein Vater Ernest haben es geschafft, Hans Mosers Essenz zu bewahren und gleichzeitig eine neue, aufregende Geschichte zu erzählen, die sowohl nostalgische Gefühle als auch Neugier weckt. Der geplante Film wird zweifellos ein Highlight für alle Fans des klassischen österreichischen Films und für alle, die sich nach guter, humorvoller Unterhaltung sehnen, sein.

Dieses Buch ist nicht nur eine heitere Erzählung voll unerwarteter Wendungen, sondern auch eine Verbeugung vor einem Mann, der mit seinem Schauspieltalent und seiner Persönlichkeit Generationen zum Schmunzeln brachte und immer noch bringt. Wahre Größe ist eben zeitlos. Hans Moser darf auf eine Art und Weise wiederauferstehen, die sowohl altvertraute als auch neue Fans begeistern wird.

Während ich dieses Vorwort in den Laptop tippe, erinnere ich mich an einige der köstlichsten Filme meines Großonkels. Ich liebte die gemütlichen Sonntagnachmittage mit einem echten „Moser-Film" in Schwarzweiß. Wir denken an „Hallo Dienstmann", in dem er als verschmitzter, liebenswerter Dienstmann unschlagbar komisch wirkte. „Auf gebaut kummt's ned an!", mahnte er oft – und recht sollte er behalten. Oder wir erinnern uns an „Der Herr Kanzleirat", wo er die Bürokratie und ihre Verrücktheiten gekonnt parodierte. Und nicht zu vergessen „Anton der Letzte", in dem er als sturer, manchmal komischer und *patscherter*, aber immer eindrucksvoller Charakter brillierte. Meine Lieblingsrolle verkörperte mein Großonkel in „Herrn Josefs letzte Liebe", eine Art Love-Story zwischen Hund und Herrl – einzigartig! Wenn seine Bewegungen auch zumeist an Grazie zu wünschen übrigließen, war sein Herz aber von solcher Güte, dass er Millionen von Menschen damit zu berühren wusste.

Ich wünsche Ihnen viel Vergnügen bei der Lektüre und freue mich, dass wir gemeinsam ein höchst erfreuliches Stück Wiener Geschichte in die Gegenwart holen dürfen. Dem Autor Ernest E. Kraxner und dem Filmemacher Alex Kraxner aber wünsche ich einen erfolgreichen Film und weiterhin eine freudvolle Zusammenarbeit. Möge Hans Moser uns auch in dieser modernen, manchmal zu kühlen Welt ein Lächeln ins Gesicht zaubern und uns zeigen, dass manche Dinge, wie Menschlichkeit und Humor, niemals aus der Mode kommen.

Dodo Kresse

Einleitung

In unterschiedlichen Kulturen und Religionen, beispielsweise in Strömungen des Christentums, gibt es publizierte Hinweise auf Wiedergeburt, also Reinkarnation.

Der Wunschgedanke eines wiederholten Lebens auf der Erde ist sehr alt. Schon seit ewigen Zeiten halten Menschen auf unserem Planeten an ihrem Glauben an eine Wiedergeburt des menschlichen Geistes und der Seele nach dem Tod fest.

Eine Rückkehr auf die Erde oder andere Existenzbereiche in einem neuen Körper als empfindendes Wesen ist in ihnen allgegenwärtig. Sie sehen die Wiedergeburt als Mittel, um spirituelles Wachstum und Erleuchtung zu erlangen.

Die Reinkarnation bezieht sich auf den Vorgang, dass eine Seele nach dem Tod in einen neuen Körper zurückkehrt. Die These, sich dabei an ein *früheres Leben* erinnern zu können, impliziert Reinkarnation. Wenn es an der Zeit ist, wird das Karma, das noch für künftige Leben da ist, in ein neues Erdenleben einbezogen.

Diesen Wunsch, in ein irdisches Leben als Wiedergeborener zurückzukehren, zu reinkarnieren, hegten auch der Geist und die Seele von Hans Moser. Wie bei vielen, sich bereits im Jenseits befindlichen Seelen, hat auch seine Seele den innigen Wunsch, auf der Erde zu reinkarnieren, um die Möglichkeit zu bekommen, im irdischen Leben ungelöste, immer noch belastende Probleme aufzuarbeiten und sie letztendlich ganz auflösen zu können.

Auf höherer Ebene im Universum wurde der innige Wunsch von Hans Moser erhört und ihm eine Wiedergeburt auf Erden befristet gewährt, jedoch war dies mit Auflagen versehen.

- Die Zeitspanne der Inkarnation wurde ab dem Zeitpunkt des Erscheinens auf Erden für zwölf Monate befristet. Ist diese Zeit abgelaufen, kehren die den Körper verlassende Seele und der Geist wieder in das Universum zurück.
- Für die Zeit auf Erden wird Hans Moser vom Universum geführt und gelenkt.
- Hans Moser wird intuitiv die Herberge finden, die das Universum für ihn ausgewählt hat.
- Es werden ihm auch die finanziellen Mittel, die er benötigt, in einem überschaubaren Rahmen zur Verfügung gestellt.
- Für diese zwölf Monate wird er seinen bürgerlichen Namen „Johann Julier" wieder annehmen.

In diesem Roman werden Originalschauplätze, die Hans Moser in seinem irdischen Leben besucht hat, namentlich erwähnt.

Mein besonderer Dank gilt Frau Dodo Kresse, Journalistin, Texterin, Schriftstellerin und Großnichte von Hans Moser, für das Verfassen des Vorwortes.

Historie

Am 6.8.1880 erblickte ich, mit bürgerlichen Namen Johann Julier, in Wien, rechte Wienzeile 93, das Licht der Welt. Nach Absolvierung der Pflichtschule und einer Handelsschule arbeitete ich für kurze Zeit als Buchhalter bei einem Wiener Lederwarenhändler.

Als ich, Johann Julier, noch vor der Jahrhundertwende mit einer Schauspielkarriere begann, entschied ich mich, hierfür den Künstlernamen *Hans Moser* anzunehmen.

Diesen für meine Eltern höchst außergewöhnlichen Wunsch, dass ihr Sohn die Laufbahn als Schauspieler einschlagen möchte, lehnten sie entschieden ab. Trotzdem besuchte ich kurzzeitig eine Theaterschule und nahm gleichzeitig auch Sprechunterricht bei einem Wiener Hofschauspieler.

Mein erstes Engagement erhielt ich als *Hans Moser* mit 17 Jahren an einer Schmierenbühne in Friedek-Mistek an der Ostrawitza, dem heutigen Tschechien. Erste Sprechrollen bekam ich im Jahr 1897 am böhmischen Stadttheater Reichenberg.

Anfang 1903 berief man mich ins Ensemble des Wiener Theaters in der Josefstadt. Ein Handicap jedoch war meine Körpergröße von nur 1,57 Meter, so sagte man mir. Auf Grund dessen wurde ich oft nur in Kinderrollen besetzt, die jedoch unter meiner Würde waren. Man hat schließlich einen Stolz, deshalb verließ ich bereits nach vier Jahren dieses Ensemble.

Als ich meine spätere Gattin Blanca Hirschler kennenlernte, war ich bereits 30 Jahre alt, sie war die Schwester zweier Schauspielkollegen von mir. Es war in der Wiener Wohnung, wo ich bei Mutter Hirschler vorstellig wurde. Dort gab es erstmals ein Zusammentreffen mit der zwanzigjährigen Blanca. Es war, so erinnere ich mich, Liebe auf den ersten Blick.

Einen Tag vor meinem 31. Geburtstag, am 5.8.1911, heiratete ich Blanca Hirschler, sie war gebürtige Jüdin. Bereits zwei Jahre später kam unsere gemeinsame Tochter Margarete auf die Welt.

Als Schauspieler gelang mir erst im Alter von 42 Jahren auf der Bühne eines Leopoldstädter Kabaretts der Durchbruch. Von meinem späteren Freund, dem berühmten Theatermacher Max Reinhardt, wurde ich daraufhin sofort für das Theater in der Josefstadt engagiert, später auch für eine USA-Tournee. Nachdem ich in den Folgejahren als Schauspieler sehr gut verdiente, da ich großartige Rollen angeboten bekam, kauften wir uns im Jahr 1932 eine Villa im Wiener Bezirk Hietzing, Auhofstraße 76–78, Eingang Hügelgasse 2.

Heutige Aserbeidschanische Botschaft, ehemalige Moser-Villa

Als *Moser-Villa* bekannt, ist die Villa heute Sitz der Aserbaidschanischen Botschaft. Wir wohnten in ihr gemeinsam bis ins Jahr 1938. Im März 1938 befahl Adolf Hitler den Einmarsch in Österreich und im April desselben Jahres wurde Österreich an das sogenannte „Dritte Reich“ angegliedert.

Noch in diesem Jahr nahm die Tragödie für die Menschen in Österreich und der Welt, aber auch für Blanca und mich ihren Lauf. Von diesem Zeitpunkt an befahl Adolf Hitler sofort die Judenverfolgung und später die Deportationen der Juden in das Konzentrationslager Auschwitz.

Ergo war auch das Leben meiner Gattin Blanca als Jüdin nun bedrohlich in Gefahr.

Trotz mehrerer Bittgesuche, die ich an die höchsten Stellen im Deutschen Reich gerichtet hatte, entschieden wir, dass Blanca aus Sicherheitsgründen kurzfristig Österreich verlassen musste. Da wir anfänglich die Gefahr nicht allzu ernst nahmen, schickte ich meine Frau mit unserer Tochter zunächst für einige Wochen nach Italien, in den noblen italienischen Badeort Rimini, um abzuwarten, wie die prekäre Situation ihren weiteren Verlauf nehmen würde.

Ich kann mich gut erinnern, dass sich Blanca auf eigenen Wunsch noch im selben Sommer in der Pfarre von Unter St. Veit katholisch taufen ließ. Es war leider eine völlige Fehleinschätzung, wie sich später herausstellte, denn die eingeführten Sondergesetze der *Nazis*, betrafen *Jüdischstämmige,* also auch Blanca. Ab Oktober 1938 musste der Vermerk „J" in ihrem Pass eingetragen sein.

Ich persönlich erhielt, wie auch einige andere für die Nazis „brauchbare" Künstler, eine Sondergenehmigung des Reichsministerium für Volksaufklärung und Propaganda in Berlin. Der Öffentlichkeit musste diese geheime Liste streng verborgen bleiben, denn in ihr war die *rassische Zugehörigkeit* der Ehepartner dieser Künstler vermerkt. Der Eintrag in dieser Liste gestattete es den Künstlern, trotz dieses Makels weiterzuarbeiten.

Von der *Naziführung* wurde mir immer wieder nahegelegt, dass ich mich von Blanca scheiden lassen sollte. Eine Scheidung, so wurde mir mitgeteilt, wäre nach der damaligen Rechtsauffassung ohne weitere Angabe von Gründen jederzeit möglich gewesen. Aber ich lehnte eine Scheidung kategorisch ab. Daraufhin folgte eine sehr dramatische Zeit für mich, da ich ständig Angst hatte, meine geliebte Frau zu verlieren.

Ohne Blancas Wissen verfasste ich am 4. Oktober 1938 ein an Adolf Hitler persönlich gerichtetes Schreiben, in dem ich „meinen Führer" innig anflehte, Sondergesetze für meine Frau zu erlassen. Adolf Hitler war ich als Schauspieler gut gesonnen, deshalb hat dieser Brief auch seinen Zweck erfüllt. Für Blanca, in einem Dekret als *Ehrenarierin* angeführt, wurden sogar Sonderbestimmungen erlassen.

In Erinnerung blieb mir noch genau der erste Wienbesuch des Propagandaministers Joseph Goebbels. Voller Hoffnung und Erwartung bestürmte ich ihn mit der Bitte, meiner Frau Blanca doch Schutz zu gewähren. Goebbels war mir gegenüber sehr höflich und beschwichtigte mich mit den Worten: „Machen Sie sich keine Sorgen, hochgeschätzter Mime, alles wird seinen richtigen Verlauf nehmen!"

Obwohl ich wusste, dass Goebbels für mich nicht viel übrighatte, erkannte er aber dennoch den Nutzen meiner Popularität als Schauspieler, natürlich nur für seine eigenen Interessen.

Goebbels wusste, dass der Unterhaltungsfilm neben der Kriegspropaganda eine wichtige Rolle spielte und mit Fortschreiten der Kriegsjahre nach 1939 sogar eine immer wichtigere. Kino und Theater sind doch das Einzige geblieben, was den Menschen zur Ablenkung aus dem tristen Alltagsgeschehen zur Verfügung stand.

Wie mir später zugetragen wurde, hat Goebbels am 13. Juni 1938 sogar ein Zusammentreffen mit mir in seinem Tagebuch vermerkt. Original-Zitat: „Mittags herauf zum Cobenzl. Unten liegt dieses herrliche Wien. Wir verbringen Mittag und Nachmittag in lustiger Künstlergesellschaft. Ich beruhige Hans Moser. Er weint vor Freude. Und dann sitzen wir im Künstlerkreis in einem Garten in Grinzing, der Mond steht über mir, laue Sommerluft, die Geigen schluchzen. Hans Moser singt Heurigenlieder. Es ist eine unbeschreibliche Romantik. Heller Tag, als ich ins Hotel zurückkehre!"

Antworten von Adolf Hitler auf meine an ihn gerichteten Briefe erhoffte ich insgeheim immer noch, sie blieben jedoch aus.

In einem weiteren Reichsansuchen erwirkte ich, dass Blanca in ein benachbartes Land außerhalb der Grenzen des „Dritten Reiches" übersiedeln durfte. Gleichzeitig wurde mir ein Besuchsrecht eingeräumt. Folglich entschied ich, Blanca, wie vorgegeben, außerhalb der Reichweite des *NS-Regimes* – aber nahe genug zu Wien –, nach Ungarn, in dessen Hauptstadt Budapest in Sicherheit zu bringen.

Mit einem Raddampfer brachen wir von Wien nach Budapest auf und ich mietete für meine geliebte Blanca eine Suite im Hotel Carlton, direkt an der Donau gelegen. Wenn sie schon fliehen musste, und wenn wir schon voneinander getrennt leben mussten, wollte ich ihr wenigstens ein luxuriöses Leben in Sicherheit bieten.

Die Angst, Blanca zu verlieren, beschäftigte mich nach wie vor Tag und Nacht. Wiederholt schrieb ich Bittgesuche an den Führer und auch an Goebbels. Antwort kam jedoch von beiden keine, was mich zunehmend traurig und depressiv machte. Immer wieder habe ich von Blanca gesprochen, ja sogar zeitweise Selbstgespräche geführt. Furchtbare Zweifel und Angst haben mein Leben fortan bestimmt.

Immer wieder reiste ich nach Budapest, um sie zu treffen. Und so vergingen die Jahre.

Endlich, im Oktober 1944 nach fünfjähriger Trennung, konnte ich Blanca an der ungarischen Grenze wieder in die Arme nehmen und sie in unsere gemeinsame Villa nach Hietzing zurückbringen.

Unsere gemeinsame Tochter Margarete, die in Wien lebte, emigrierte, nachdem sie 1935 den rumänischen Kaufmann Martin Hasdeu geheiratet hatte, nach Argentinien.

Warum sie nach Argentinien ausgewandert ist und was der tatsächliche Grund dafür war, hat mir, als ich es erfuhr, die Füße unter dem Boden weggezogen – ja, mein Herz gebrochen. Gleichzeitig erfuhr ich auch, was der ausschlaggebende Grund für den tiefgehenden Streit zwischen Blanca und unserer Tochter war.

Ich konnte es kaum fassen, noch weniger glauben: Blanca hatte während unserer glücklichen Ehe, so hatte es zumindest für mich den Anschein, einen Liebhaber. Und dieser Liebhaber war kein anderer als Martin Hasdeu, jener Martin Hasdeu, den unsere Tochter Margarete meiner Frau Blanca ausspannte. Später heiratete Margarete den Hasdeu sogar und wanderte mit ihm als sogenannte *Halbjüdin* nach Argentinien aus, wo sie auch später ein Kind gebar.

Dieser Zustand war unerträglich für mich. Ich gab mir selbst die alleinige Schuld, mein Leben gänzlich der Schauspielerei gewidmet zu haben und dabei augenscheinlich komplett versäumt zu haben, mich primär meiner Familie zu widmen.

Sehr wohl habe ich die Sorgen und Ängste mit Blanca ernst genommen, aber anscheinend war das viel zu wenig. Hat sich mein Nebenbuhler und späterer Schwiegersohn gar mehr um Blanca gekümmert, ihre Ängste, Gefühle und Leidenschaften mit ihr geteilt?

Was war mit unserer gemeinsamen Tochter Margarete, die ich über alles liebte? Habe ich sie ungewollt, unbewusst, gänzlich im Stich gelassen?

Es ist mir klar, mit Blanca hatte ich fünf Jahre lang eine Fernbeziehung, doch die wurde ja von mir nur zu Ihrem Schutz vor den *Nazis* und zu ihrem Wohlergehen eingeleitet. Natürlich gehört, meinem Verständnis nach, die Tochter immer zur Mutter.

All dies ließ mir keine Ruhe, die Schuldgefühle übermannten mich ständig und ich fand nach wie vor dafür keine Lösung.

Es kam sogar noch schlimmer, das Problem ging ja weiter!

Im Juli 1948 reiste ich nach Südamerika, um unsere Tochter zu besuchen. Ich hatte auch gleichzeitig ein Gastspiel an der Freien Deutschen Bühne in Buenos Aires.

In einem langen Gespräch bat mich Margarete um einen Vorschuss auf ihr Erbe, um sich eine Existenz in Buenos Aires aufzubauen. Zu ihrer Mutter war jeglicher Kontakt abgebrochen.

Blanca verzieh i unserer Tochter das Verhältnis, das sie mit Martin Hasdeu gehabt hatte, niemals, sie fühlte sich zutiefst gedemütigt.

Nach dem Tod ihres Kindes im Jahr 1963 adoptierte Margarete einen argentinischen Jungen. Von dort an eskalierte und vertiefte sich der Konflikt zwischen Mutter und Tochter erst recht. Schlussendlich zog Blanca einen Schlussstrich und enterbte Margarete im Jahr 1971. Die Folge war eine jahrelange Gerichtsverfahren zwischen den beiden.

Margarete zog nach dem Ableben ihrer Mutter 1974 abermals gegen die Enterbung vor Gericht. Erst nach 15 Jahren Rechtsstreit erhielt sie den Pflichtanteil des väterlichen Erbes zugesprochen.

Dennoch, das Schicksal hatte es mit unserer Tochter nicht gut gemeint, sie starb bereits ein halbes Jahr später.

Blanca wiederum vermachte testamentarisch den größten Teil des Vermögens der Hans & Blanca Moser-Stiftung.

Für mich stellte sich jedoch nach wie vor die ungelöste Frage: „Wie kann ich das, was ich in meinem Leben, in meiner Beziehung alles falsch gemacht habe, wieder gut machen? Warum habe ich diese gravierenden Fehler, die ich beging, nicht rechtzeitig, früh genug, erkannt, damit ich Maßnahmen hätte treffen können?“

Nun stand ich vor einem Scherbenhaufen und fragte mich fortwährend: „Wie kann ich dies alles wieder gut machen, um endlich den ersehnten Seelenfrieden zu erhalten?

Wahrscheinlich würde es mir erst in einem nächsten Leben gegönnt sein.“

Reinkarnation

Morgens, es war kurz nach sieben Uhr und der 1. März 2024. Ich wachte auf, die Sonne durchflutete das Schlafzimmer. Die Umgebung war mir vollkommen vertraut, sonderbar.

Da lag ein Kuvert mit einem Brief auf dem Nachttisch, darauf stand:

Bitte lies das, lieber Johann Julier!

Ich öffnete das Kuvert, nahm den Brief heraus und begann zu lesen.

Lieber Johann, wir haben deinem innigen Wunsch, auf die Erde zurückzukehren, um deine Altlasten, die dich so beschäftigen, auflösen zu können, Folge geleistet. In deinem früheren, irdischen Leben warst du ein angesehener, gutsituierter Mann, ja sogar wohlhabend und noch dazu gefeierter Schauspieler.

In dieses Milieu wollten wir dich für die Zeit deiner Inkarnation auf Erden, die du selbst auf zwölf Monate beschränkt hast, wieder hineinversetzen.

Deshalb wählten wir für dich diese schöne, unbewohnte Villa in Döbling, einem ähnlich noblen Wiener Bezirk wie Hietzing, in dem du damals gewohnt hast, aus. Sie wurde von uns so ausgestattet, dass dir alles vertraut vorkommt, von der Einrichtung bis hin zu deiner Kleidung.

Auf dem Schreibtisch liegt eine Schatulle. In dieser wirst du täglich, für dieses ganze Jahr lang, ausreichend Geld finden, damit du deinen damals gewohnten Lebensstil weiterführen kannst.

Natürlich liegt in der Schatulle auch ein Reisepass, ausgestellt auf „Johann Julier“ mit Geburtsdatum und der neuen Wohnadresse. Damit kannst du dich wieder frei auch in den Nachbarländern bewegen und bei jeder Behörde ausweisen.

Neben der Schatulle findest du ein Mobiltelefon, ein sogenanntes *Handy.*

Sogar an das Türschild am Gartentor „Familie Johann Julier“ haben wir gedacht.

Nun, lieber Johann, mach dich auf den Weg, suche gewohnte Plätze von früher auf, versuche, dein vertrautes Milieu wiederzufinden, knüpfe Kontakte mit Menschen, sie alle werden dir wohlgesinnt entgegenkommen.

Auch deine Nachbarn werden dich sehr freundlich aufnehmen, zumal sie ja nicht wissen, wer du bist, jedoch besonders neugierig darauf sind, in Bälde Näheres von dir zu erfahren.

Mach dir bitte keine Sorgen, du wirst deine Altlasten aus deinem früheren Leben auflösen können, und denke immer daran, dass du vom Universum geführt bist.

Eines solltest du noch wissen: Deine inkarnierte Seele und dein Geist sind selbstverständlich im Wissen über die neuen Begegnungen, die du erfährst, die neuen Schauplätze, die du aufsuchst, die neue Technik, die die Gegenwart bestimmt. Vieles wird dir in Erinnerung sein, ebenso wird dir einiges neu vorkommen und nicht vertraut sein. Deine Seele sowie dein Geist jedoch lenken dich, sodass du jeder Situation gewachsen bist.

Diese außergewöhnliche Nachricht berührte mich zutiefst. Mein Herz klopfte vor Aufregung bis zum Halse. Nachdem ich mit Bedacht den Brief zu Ende gelesen hatte, fühlte ich mich plötzlich wieder in die mir vertraute Welt hineinversetzt. Trotzdem plagten mich Zweifel, ob ich alles tatsächlich real wahrnahm, und ich wollte so schnell wie möglich der Sache auf den Grund gehen.

Aufgeregt machte ich mich auf den Weg in die Stadt.

Es war ein angenehmer, für diese Jahreszeit sogar warmer, sonniger Märztag. Ich ging Richtung Straßenbahn, um mit ihr in den ersten Bezirk zu gelangen. Dort würde ich wohl ein Kaffeehaus finden. Ich wollte einfach nur einen heißen Kaffee trinken. Essen konnte ich nichts, dafür war ich innerlich zu aufgewühlt.

In der Straßenbahn stand ein junges Mädechen sofort auf und bot mir mit den Worten „Ich steh leichter als du, Opa, komm, setz dich hin!“, ihren Sitzplatz an.

„Danke, Fräulein“, entgegnete ich, „schau ich denn schon so klapprig aus?“

„Na ja, 20 bist du aber auch net mehr“, erwiderte die junge Dame.

„Hübsch ist sie obendrein“, dachte ich.

Gleich darauf wurde neben mir ein weiterer Sitzplatz frei und sie setzte sich zu mir. „Sagen Sie, Fräulein", fragte ich sie, „wo gibt es denn in der Innenstadt ein schönes, traditionelles Kaffeehaus?"

„Bist du net von hier?", so ihre Gegenfrage ein wenig erstaunt. „Nein, ich bin erst gestern nach Wien gekommen", erklärte ich.

„Ach so, von wo kommst du denn her?"

„Vom Universum" Ja, genau, und ich komme von Himmel!", erwiderte sie.

„Hey Opa, du suchst also ein gemütliches traditionelles Kaffeehaus? Ich kenne eines, das ist mindestens genauso alt und traditionell wie du. In der Stallburggasse im Ersten, das Café Bräunerhof. Wenn du willst, begleite ich dich hin. Spendierst du mir einen Kaffee für diesen guten Tipp?"

„Ja, gerne!", antwortete ich.

„Na ja, der Tag fängt schon gut an", dachte ich mir still und heimlich. Sie ist zwar eine liebe, hübsche und junge Dame, aber ein bisschen *goschert* ist sie schon. Die Leute werden sich denken, dass ich tatsächlich ihr Opa bin. Warum denn nicht, wäre ja möglich, es gibt Schlimmeres!"

„Sagen Sie, Fräulein, wie heißen Sie denn?"

„Fini, das kommt von Josefine. Josefine Bruckmüller und wohnen tu ich noch bei meinen Eltern in der Spittelau."

„Also, ich heiße Johann Julier, du kannst aber auch „Hansi-Opa" zu mir sagen, bist ja sowieso schon per Du mit mir."

„Prima, lieber Hansi-Opa, du gefällst mir. Ich bin ab jetzt die Fini und du mein Hansi-Opa, abgemacht?"

„Handschlag darauf!" Somit war der Deal besiegelt.

Von der Straßenbahnhaltestelle aus war es ein gemütlicher Spaziergang durch die Innenstadt. Für mich sah alles neu aus, die Gebäude, die Fahrzeuge, die teilweise extravagant und gut gekleideten Menschen.

Beim Café Bräunerhof angekommen, fragte Fini mich: „Na, wie sieht das Café aus, so etwas Traditionelles hast du ja gesucht?"

„Du sagst es, großartig!“, erwiderte ich. „Lass uns hineingehen!“

Tatsächlich, es entsprach ganz meinen Erwartungen und Vorstellungen. Einfach urig, so wie früher halt, wahrscheinlich ein bisschen modernisiert.

Der Ober begrüßte uns freundlich mit den Worten: „Willkommen im Café Bräunerhof, hier hätte ich ein schönes Platzerl für die Herrschaften! Führt der adrette Herr Opa heute sein Enkerl zum Kaffee aus?“

Fini entgegnete: „Ja, wieso wissen Sie denn das, Herr Ober?“

„Weil ihr beide auf mich so einen glücklichen Eindruck macht“, so der Ober.

„Wissen S’, ich habe auch eine Enkeltochter, so in Ihrem Alter, liebes Fräulein, und bin jedes Mal stolz, wenn sie mit mir ins Kaffeehaus geht. Aber, was darf ich den Herrschaften bringen?“

„Mir bitte eine heiße Schokolade und, Hansi-Opa, was magst du?“

„Eine gute Wiener Melange bitte und bringen S’ uns noch zwei Butterkipferln dazu!“ Nun verspürte ich doch ein wenig Appetit darauf, eine Kleinigkeit zu essen.

Ich wunderte mich, es war bereits späterer Vormittag und das Café war nahezu randvoll mit Gästen, schau, schau!

„Fini, jetzt erzähl mir von dir. Was machst du denn, und was machen deine lieben Eltern?"

„Also, mein Papa Ingo Bruckmüller ist ein ranghoher, leitender Zollbeamter in Wien. Meine Mama Christine arbeitet als Lektorin von zu Hause aus. Michi, mein kleiner Bruder, ist zehn Jahre alt, ein Nachzügler, quasi. Er geht ins Gymnasium.

Ich bin 24 Jahre alt, habe das Gymnasium besucht, die Matura bestanden und die Ausbildung zur Maskenbildnerin erfolgreich abgeschlossen. Diesen Beruf finde ich *cool*, denn Maskenbildner werden immer gebraucht, solange es Theater, Opernhäuser, Filmproduktionen und so fort gibt. Ich muss jetzt halt einen Job finden."

„Kompliment, mein Fräulein, das klingt ja wirklich interessant. Sag einmal, wie bist du denn auf diesen doch etwas außergewöhnlichen Beruf einer Maskenbildnerin gekommen?"

„Das ist eine längere Geschichte, Hansi-Opa –, willst du sie wirklich hören?"

„Natürlich, Fini –, schieß los!"

„Also, im Gymnasium war meine beste Freundin die Ninetta Hoffmann, wir sagten alle „Nina" zu ihr. Nina ist blitzgescheit und sehr zielstrebig, deshalb war sie auch Vorzugsschülerin. Ich war besserer Durchschnitt, wurde aber ausgezeichnet mit dem Titel „Die Edelfaule"!

Wie es das Schicksal so wollte, sind Ninas Eltern kurz nach unserer Matura – Nina hat sogar mit Auszeichnung maturiert–, bei einem schrecklichen Verkehrsunfall in Frankreich, wo sie auf Geschäftsreise waren, ums Leben gekommen.

Weil Nina Vollwaise war, haben sich meine Eltern sofort ihrer angenommen. Nina hat sogar längere Zeit zwischendurch immer wieder bei uns zu Hause gewohnt, bis sie sich nach der Erbschaft (sie war Einzelkind und daher Alleinerbin) eine wunderschöne Wohnung kaufen konnte, in der sie noch immer wohnt.

Für meine Eltern war sie wie eine zweite Tochter, sie haben sie sofort ins Herz geschlossen. Und für meinen kleinen Bruder ist Nina die zweite Schwester. Die beiden sind ein Herz und eine Seele.

Nina hat Anfang dieses Jahres ihr Studium im Max Reinhardt Seminar mit ausgezeichnetem Erfolg bestanden – eben nach Nina-Manier. Jetzt ist sie als angehende, top ausgebildete Schauspielerin auf Jobsuche.

Im Max Reinhardt Seminar haben ihr befreundete Kollegen auch geraten, gleich einen kurzen Künstlernamen anzunehmen, *Nina Hoff* zum Beispiel, weil der *cool* klingt. Das machte Nina nach längerer, reiflicher Überlegung auch! Ja, so ist sie halt, unsere super Nina Hoff, alles muss bei ihr perfekt sein!"

„Do schau her, das ist ja großartig, Kompliment an das Fräulein", antwortete ich und fügte noch hinzu: „Im Max Reinhardt Seminar, da ist man schon an der goldrichtigen Stelle, die machen aus ihren Studenten was. Talent wird sie hoffentlich haben?"

Im Stillen erinnerte ich mich an Max Reinhardt zurück. Er verhalf uns, das zu werden, wovon wir alle geträumt haben, ein Schauspielstar. Paula Wessely, die Hörbiger Geschwister, Willi Forst, Theo Lingen und wie sie alle heißen, er war unser aller Wegbereiter. Max hat uns den Erfolgsweg vorgezeichnet.

„Na, Hansi-Opa, was bist du denn so nachdenklich – ist was?“, holte mich Fini aus meinen Gedanken.

„Nichts“, kam es von mir, „ich habe nur still nachgedacht und mich dabei erinnert, dass der Seniorchef von der Stastny Agentur sehr eng mit Max Reinhardt befreundet war, aber das ist alles schon ewig her, und wenn es dich interessiert, kann ich es dir ja ein anderes Mal erzählen.“

Da hatte ich gerade noch die Kurve gekratzt, fast hätte ich mich verplappert.

„Spannend, spannend, Hansi-Opa! Das musst du unbedingt Nina erzählen, wenn du sie einmal kennenlernst. Na, die wird staunen und dir mit offenen Augen, Ohren und Mund zuhören. Das ist genau ihr Metier.“

„Ja, gerne, dann machen wir uns doch gleich unser nächstes Rendezvous aus!“, bestätigte ich erfreut.

„Hansi-Opa, hast du ein *Handy*?“, wollte Fini plötzlich wissen.

„Speichere dir meine Nummer ein!“

„Geh, Fini, mach du des bitte für mich – da hast’ mein *Handy*, du kennst dich damit bestimmt besser aus? Schreib deinen Namen dazu!“

„Na, net, Hansi-Opa!“, meinte Fini keck und speicherte ihre Nummer ein. „So, Hansi-Opa, jetzt rufst du mich an, dann habe ich auch deine Nummer auf meinem *Handy*!“

Ich versuchte es, wurde ungeduldig, es gelang mir nicht. Fini zeigte es mir.

„Was es alles gibt in der heutigen Zeit, früher haben wir Briefe oder Telegramme geschrieben“, dachte ich wieder im Stillen.

Kurz vor Mittag verließen wir das Café. Fini wollte zur nächsten U- Bahnstation, um nach Hause zu ihren Eltern zum Mittagessen zu fahren. Ich begleitete sie ein Stück des Weges.

Wir gingen durch die Dorotheergasse in Richtung Graben, um zum Stephansplatz zu gelangen, wo die U-Bahnstation ist.

„Ja, gibt's denn das, da schau her, Fini, das ist ja das Café Hawelka, mein Gott, das gibt es auch noch! Hergerichtet wurde es aber nicht, schaut noch genauso aus wie damals, von außen, wahrscheinlich eh drinnen auch.

Ob Leopold und Josefine noch leben? Das waren halt noch Cafetiers mit Leib und Seele. Tag und Nacht haben beide im Lokal gestanden. Und die Buchteln der Josefine, die waren ein Gaumenschmaus!

Also, da gehen wir das nächste Mal hin, Fini, und du bringst gleich Nina mit, damit ich sie kennenlerne, die Jung-Mimin. Ich bin schon so neugierig!"

Fini ging, als wir am Stephansplatz angekommen waren, den U- Bahnschacht hinunter und ich begab mich durch die Kärntner Straße in Richtung Staatsoper, die war mir noch von früher her in Erinnerung. „Da muss auch das Hotel Sacher sein!", fiel mir ein.

„Jessas, da ist es ja schon des Sacher, mein Gott, immer noch so wie früher schaut's aus, nur viel moderner halt und ganz nobel hergerichtet!“, wunderte ich mich.

„Wie spät ist es denn schon? Oh, do schau her, schon eins! Da könnte ich gleich ins Sacher Mittagessen gehen. Ein gutes Kalbs-Wienerschnitzel mit Kartoffelsalat vielleicht und dazu ein Glaserl Wein, an Riesling, falls es das dort gibt. Es ist ja schon bald früher Nachmittag, da darf man schon was *pipperln*!“, sagte ich mir.

Auch im Inneren war das Hotel sehr vornehm, alles neu hergerichtet.

„Wo find ich denn jetzt das Restaurant, ich kenne mich gar nicht mehr aus?“, wandte ich mich an die Rezeption.

„Nach rechts, der Herr, und dann immer geradeaus!“

„Ja, da komm ich doch her!“

„Nein, mein Herr, Sie kamen von links!“

„Ach so, bitte entschuldigen S', nix für ungut!“

„Ein so ein Winkelwerk! Ah, da ist es eh. Nobel, nobel, do schau her, da hängen ja sogar Bilder von früher, die schau ich mir gleich an!

Na, geh, da schaust' her, da bin ja ich drauf, das war im Film „Hallo Hotel Sacher“, da habe ich den Portier gespielt, und da, ein Foto aus dem Film „Hallo Dienstmann“, mit dem Paul Hörbiger, der Waltraud Haas und der Anny Rosar zusammen in einem „Antel-Film“! Aber im Sacher haben wir meines Wissens den Film net gedreht, egal“, murmelte ich vor mich hin.

„Einen schönen guten Tag, der Herr, bitte nehmen Sie doch gleich hier Platz!“, begrüßte mich freundlich der Ober und fragte mich noch, ob ich allein sei.

„Ja, natürlich, oder sehen S' noch wen bei mir?“

„Verzeihen Sie, mein Herr, Sie haben so eine Ähnlichkeit mit dem Schauspieler Hans Moser, das ist verblüffend!“

„Geh, was Sie net sagen, den können Sie in Ihrem Alter ja gar nicht gekannt haben!“

„Na, dann schauen Sie sich einmal die Bilder an der Wand an, lieber Herr, da ist der berühmte Hans Moser drauf, überzeugen Sie sich selbst von Ihrer Ähnlichkeit mit ihm, dem Moser!

Aber Verzeihung, was darf ich denn servieren, gnädiger Herr, darf ich auch die Speisekarte bringen?"

„Nein danke, die Speisekarte brauch ich nicht, weiß eh schon, was ich essen möchte!", kam es forsch von mir.

„Was darf's denn sein?", so der Ober.

„Bringen Sie mir bitte ein Kalbswiener, aber net zu groß, und einen Kartoffelsalat dazu. Zum Trinken ein gutes Viertel Riesling aus Nussdorf, wenn S' den haben!"

„Selbst verständlich, mein Herr, gerne. Wollen Sie vielleicht noch einen Blick in die Getränkekarte werfen?"

„Wieso denn, haben S' den Nussdorfer Riesling nicht?", wurde ich langsam ungeduldig.

„Sehr wohl haben wir diesen köstlichen Wein!"

„Na also, wozu brauche ich dann die Getränkekarte?"

„Sehr wohl, der Herr!", so der Ober.

Das Essen war vorzüglich und der Wein auch. Als Nachspeise habe ich mir dann noch ein Stück Sachertorte gegönnt mit einer Melange dazu.

„Zahlen bitte, Herr Ober!", rief ich anschließend.

Der Ober eilte mit der Rechnung herbei, schüttelte fortwährend beim Gehen seinen Kopf und hatte ein süffisantes Lächeln dabei aufgesetzt.

„Was haben S' denn, Herr Ober, warum schütteln S' denn Ihren Kopf so, haben S' gar was mit den Nerven?", wunderte ich mich sichtlich.

„Nein, nein, werter Herr, aber Ihre Ähnlichkeit mit dem Schauspieler Hans Moser ist verblüffend!", bemerkte der Ober.

„Aber, hören S' doch auf damit, das bilden Sie sich ja nur ein, ich soll ausschauen wie Hans Moser, dass ich net lach!", rechtfertigte ich mich.

„Sehr wohl, der Herr, waren der gnädige Herr mit dem Essen zufrieden?"

„Es war ausgezeichnet, danke der Nachfrage, und auch die Bedienung war sehr freundlich, ich werde ganz bestimmt wiederkommen. Und noch etwas, Herr Ober, kommen S' ein bisserl näher her! Also, die Ähnlichkeit, die ich Ihrer Ansicht nach mit dem Hans Moser habe, die vergessen S' gleich wieder, net, dass Sie mich beim nächsten Besuch wieder darauf ansprechen!"

„Sehr wohl, der Herr, wünsche dem gnädigen Herrn noch einen angenehmen Nachmittag!"

Jetzt taten mir schon ein bisserl die Füße weh vom vielen Gehen. Als die nächste Tramway kam, stieg ich ein und fuhr nach Hause.

Auf ein kleines Nachmittags-Napserl freute ich mich besonders.

Am nächsten Morgen wachte ich wieder zeitig auf und las gemütlich die Zeitung, die vor der Haustür lag.

„Das ist ja schauderbar, wie es auf dieser schönen Welt zugeht. Um Gottes willen, die Zeitung ist voll mit Kriegsberichten, Verbrechen, Firmenpleiten, Betrugsgeschichten und so fort. Auf den Kulturseiten ist auch nur Schmarrn zu lesen, skandalös. Solche Theaterstücke werden heutzutage gespielt? Na bravo, das ist ja entsetzlich!", sinnierte ich aufgeregt vor mich hin. „Na, da steht ja der jungen Nina noch einiges bevor!"

Es war schon zehn Uhr vormittags, ich war noch im Pyjama, hatte zwar schon gefrühstückt, war aber noch nicht einmal im Bad gewesen. Da klingelte das Telefon, mein *Handy*, wie man dazu neuerdings sagte. Ich griff danach, dürfte intuitiv die richtige Taste erwischt haben, denn eine Stimme meldete sich sofort:

„Hallo Hansi-Opa, da ist die Fini, hast du gut geschlafen? Von unserem gestrigen Kaffeehausbesuch habe ich sofort meinen Eltern erzählt, die möchten dich jetzt unbedingt kennenlernen. Auch Nina habe ich angerufen und ihr alles berichtet. Sie findet das spannend, vor allem dein indirektes Nahverhältnis zu Max Reinhardt, darüber möchte sie mehr von dir erfahren!

Meine Eltern schlagen vor, dass wir uns gemeinsam bei uns zu Hause treffen, sie laden dich herzlich ein!

Aber Hansi-Opa, wie heißt du denn mit richtigem Namen, damit ich dich ordentlich vorstellen kann?"

„Also, liebe Fini, danke, dass du dich so schnell bei mir gemeldet hast. Sehr gerne nimmt „Herr Johann Julier", so mein richtiger Name, diese Einladung dankend an!"

„Morgen ist Freitag, wie wäre es um 18 Uhr?"„Einverstanden, ich komme gerne, aber wie lautet denn die Wohnadresse deiner Eltern?"

„Sende ich dir aufs *Handy*! Tschüss, Bussi, lieber Hansi-Opa!"

„Gut, dass Fini mir mit dem *Handy* geholfen hat, damit ich es ein wenig bedienen kann!", dachte ich erleichtert.

An diesem Tag plante ich, einen Ausflug nach Nussdorf zu machen, um einen Heurigen aufzusuchen. Da kann man nämlich bequem mit der Tramway hinfahren, hatte mir gestern beim Heimfahren mit der Straßenbahn ein netter, etwa gleichaltriger Herr erzählt.

Nach dem Mittagessen wollte ich auf den Weinberg spazieren. Von dort hat man einen wunderschönen Ausblick nach Wien, das wusste ich noch von früher. Weiters nahm ich mir vor, den späten Nachmittag in einem gemütlichen Heurigen zu verbringen. „Ausgesteckt wird im März wohl schon sein", vermutete ich, „früher war's jedenfalls so!"

Am Vormittag machte ich mich auf den Weg zur Tramway und zur Haltestelle, um nach Nussdorf zu fahren.

„Also, eines muss ich schon sagen, die Leute in Wien sind so nett, jeder, den ich um Auskunft gebeten hatte, und das waren schon einige, erklärte mir alles freundlich. Die Dame von vorhin, sie hatte zufällig den gleichen Weg wie ich, ging mit mir bis zur Haltestelle. Sie erzählte mir auch, dass es in der Heiligenstädterstraße ein sehr gutes Restaurant gibt, das bekannt ist für seine Rindfleischgerichte, wie Tafelspitz, Kruspelspitz und so weiter, wenn man das mag. Dieses Restaurant heißt Plachutta, es ist nicht zu übersehen, kennen tun's auch alle."

Die Fahrt mit der Tramway, wo ich einen Sitzplatz am Fenster hatte, war sehr interessant für mich – die Gegend war schön, alles so gepflegt. Einen jungen Mann, der neben mir stand, fragte ich, wo ich denn aussteigen muss, um in das Restaurant Plachutta zu kommen. „Das ist schon die nächste Haltestelle", gab er mir zur Antwort, „und von dort sind es nur mehr wenige Meter."

Tatsächlich, ich stand vor dem Restaurant, das sehr einladend aussah, und ging hinein.

Es waren viele Menschen dort und man fragte mich, ob ich reserviert hätte. Ich behauptete spaßeshalber, aber mit ernstem Blick: „Ja, natürlich, unter „Johann Julier", einen Platz für eine Person, das war aber gestern schon!"

Es wurde im Reservierungsbuch nachgeschaut, aber nichts war von einer Reservierung zu finden.

„Hier steht nichts von Ihrer Reservierung, aber für eine Person haben wir immer Platz. Dürfen wir Sie an einem Tisch zu den Gästen dazusetzen?“, erwiderte der Angestellte.

„Ja natürlich, danke, sehr gerne!“, freute ich mich.

Es war ein jüngeres Paar, das mich mit den Worten begrüßte: „Nehmen S’ doch Platz, lieber Herr, hier ist genug Platz für uns drei!“

Ich bedankte mich und schon wurde mir vom Ober die Speisekarte in die Hand gedrückt.

„Wenn wir für heute empfehlen dürfen ...“, weiter kam der Ober nicht, denn ich unterbrach ihn und ergänzte: „... so ist es Tafelspitz oder Kruspelspitz!“

Der Ober fragte ganz erstaunt: „Woher wissen Sie denn das?“

„Na, dafür ist Ihr Restaurant ja bekannt“, bestätigte ich.

„Danke für das Kompliment!“, „Und welche Beilagen dürfen wir zum Gericht Ihrer Wahl servieren, und welche Suppeneinlage dazu kredenzen?

Wissen Sie schon, was Sie trinken möchten?“

„Ja, bitte ein Viertel Riesling aus Nussdorf und ein Glas Sodawasser dazu!“

„Gerne, mein Herr, wählen Sie inzwischen in Ruhe aus, ich hole die Getränke!“, fügte der Ober hinzu.

„Verzeihen Sie, lieber Herr, wenn ich mich einmische“, so die Dame mir gegenüber am Tisch. „Der Kruspelspitz sieht köstlich aus, die Herrschaften am Nebentisch haben ihn nämlich gegessen. Auch wir haben uns dafür entschieden und als Beilage Röstkartoffeln und Apfelkren dazu gewählt!“

„Besten Dank, gnädige Frau, dasselbe nimm ich natürlich auch und eine Grießnockerlsuppe vorab!“

Der Ober war schon mit den Getränken gekommen und ich bestellte dieselbe Speise wie meine Tischnachbarn.

Bevor das Essen serviert wurde, unterhielten wir uns kurz über das schöne Nussdorf. Die beiden waren ein Ehepaar und Ärzte hier in Nussdorf. Sie war praktische Ärztin und er Kinderarzt in einer Gemeinschaftsordination.

Sie schwärmten mir vom schönen Nussdorf vor: „Wo gibt es denn das noch, auf der einen Seite sieht man die Weinberge und auf der anderen die Donau, das macht den Charme von Nussdorf aus. Von den köstlichen Weinen in den einzigartigen Heurigen gar nicht zu sprechen!"

„Ja, danke, dass Sie das erwähnen, ich möchte nach dem Essen einen Spaziergang in die Weinberge machen und anschließend einen traditionellen Heurigen aufsuchen!", erzählte ich ihnen.

„Dann gehen S' doch zum Schübel-Auer, der ist in der Kahlenberger Straße, da sind Sie genau richtig. Dort waren früher die bekannten, alten Wiener Volksschauspieler Stammgäste", erzählte die Ärztin. „Sie werden begeistert sein. Ein richtig traditionelles Haus mit hervorragenden Weinen!"

Der Kruspelspitz, in einem Suppentopf serviert, wurde auf den Tisch gestellt, natürlich für jede Person ein Suppentopf. Daraus schöpfte der Ober die Bouillon und goss sie in die Suppenschüssel, bei mir über das Grießnockerl.

Heuriger Schübel-Auer, Nußdorf bei Wien

„Das sieht köstlich aus, und wie gut es riecht!“, schwärmte ich.

„Lassen Sie sich erst vom Kruspelspitz überraschen, den macht niemand so gut wie die hier!“, sagte der Kinderarzt.

Von der Suppe angefangen, war das alles tatsächlich ein Genuss, ein Erlebnis der besonderen Art. Der Kruspelspitz war zart und exzellent im Geschmack.

„Jetzt tut ein Verdauungsspaziergang gut“, dachte ich mir. „Heute nehm ich keine Nachspeise, aber dafür meine geliebte Melange, die gehört immer dazu.“

Ich blieb noch eine Weile gemütlich sitzen bei meinem Kaffee. Das nette Ärzteehepaar war schon aufgebrochen, da eine Stunde später bereits die Ordination geöffnet wurde, wie sie sagten.

Nette Leute waren das, jung, fesch und gescheit.

Es war kurz nach 14 Uhr, das Restaurant war immer noch voll mit Gästen, und ich sah, wie sich im Eingangsbereich die Leute nach wie vor für einen Tisch anstellten.

„Na, da werde ich jetzt Platz machen“, entschied ich und rief den Ober, um zu zahlen.

Bei herrlich sonnigem Wetter, ein bisserl frisch war es schon, ohne Handschuhe und Hut ging noch nichts, machte ich mich langsam Richtung Weinberg auf. Wie gut, dass ich meine gefütterten, knöchelhohen Schuhe anhatte, mit rutschfester Sohle. Denn die Wege am Weinberg waren noch gefroren. Ich spazierte über eineinhalb Stunden den Weinberg hinauf. Für diesen schönen Ausblick dort hatte sich der Marsch gelohnt. Und ein Bankerl war auch da, auf dem ich ein wenig rastete.

„Mein Gott ist des gemütlich da hier, und wenn man in der Sonne sitzt, ist es gleich ein bisserl wärmer.

Ist Wien net wunderbar und die schöne blaue Donau dazu?", waren meine Gedanken, „also die Zeitung brauch ich net mehr, die können sie sich behalten, da wird man ja nur depressiv, die verdirbt einem die Laune!

Sitzen tut gut, ich muss aufpassen, dass ich net einschlafe und gar erfriere!"

Ich blieb noch eine Weile sitzen. Da spazierte eine Oma mit ihrem Enkerl und dem Hund zu mir her.

„Wollen Sie sich zu mir setzen mit Ihrem kleinen Fräulein?", fragte ich die Frau.

„Ja, wenn S' noch a Platzerl für uns haben, gerne", erwiderte sie.

„Es ist so schön hier."

Ich fragte das kleine Mädchen: „Gehst du schon in die Schule?"

„Ja, in die zweite Klasse Volksschule in der Oskar-Spiel-Gasse im 19.", antwortete sie. „Und am Nachmittag bin ich immer bei meiner Oma, bis mich die Mama nach der Arbeit abholt."

„Und von wo bist *du*?", wollte die Kleine wissen.

„Marie, sei doch nicht so neugierig!“, wies die Oma sie zurecht.

„Ich komme so wie du aus Wien und wohne auch im 19., in Döbling, aber erst seit Kurzem!“

„Und wo hast du früher gewohnt?“

„In Hietzing, im 13. Bezirk“, war meine Antwort.

„Den 13. kenne ich gut, denn da arbeitet mein Papa in einer Computerfirma, in der Hofwiesengasse!“, strahlte die Kleine. „Meine Oma, der Opa ist leider schon gestorben, die wohnt hier in Nussdorf, in der Greinergasse.“

„So, Marie, jetzt hast du den Herrn genug *ausgefratschelt*, also, spazieren wir wieder schön langsam nach Hause!“, sprach die Oma.

„Wir haben eh den gleichen Weg, da begleite ich Sie, wenn Sie gestatten?“, bot ich an.

„Ja, gerne!“, gab die Oma zur Antwort. „Na, dann los!“

Vom Weinberg heruntergekommen, fragte mich die Oma: „So, und wo müssen Sie jetzt hin?“

„Ich mach noch einen Abstecher zum Schübel-Auer in der Kahlenberger Straße“, gab ich ihr zur Antwort.

„Zweimal umfallen und Sie sind schon dort beim Heurigen, in hundert Metern links rauf und in fünf Minuten sind S' schon dort,“ sagte die Oma wissend. „Wir müssen nach rechts die Straße runter, also, alles Gute, auf Wiedersehen. Aber, eines möchte ich Ihnen doch noch sagen. Sie haben eine Ähnlichkeit mit dem Schauspieler Hans Moser, das ist unwahrscheinlich, wie aus dem Gesicht gerissen, und nuscheln tun S' auch so beim Reden“, setzte die Oma noch hinzu.

„Ja, vielleicht *bin* ich Hans Moser, wer weiß!“ scherzte ich.

„Ja, ja, des wären S' gerne, aber der Herr Moser ist leider schon vor langer Zeit gestorben“, war ihre Blitzantwort.

„Wer ist denn Hans Moser, Oma?“, fragte Marie.

„Das erzähl ich dir zu Hause“, war die Antwort der Oma. „Erinnere mich, sonntags am Nachmittag sind meistens Filme im Fernsehen mit diesem beliebten Volksschauspieler, dann siehst du, wer er ist, und wie er ausschaut!“

„Also, auch Ihnen alles Gute und dir viel Erfolg in der Schule, Marie!“, verabschiedete ich mich und machte mich auf den Weg zum Heurigen.

Fast, wie die Oma gesagt hatte, in zehn Minuten war ich beim Schübel-Auer.

Der Gastgarten war noch geschlossen, eh klar, um draußen zu sitzen, war es ja noch viel zu kalt.

Ich ging also hinein, hatte Glück, denn um diese Zeit waren noch einige Tische frei.

Ich schaute mich ein bisschen um, sehr nett, sehr gepflegt war alles, ja, das war früher auch schon so, darauf haben die Besitzer immer Wert gelegt, erinnerte ich mich.

„Guten Tag, der Herr, für „Guten Abend“ ist es noch ein bisserl früh, suchen wir a Platzerl für eine Person?“, fragte mich der Ober.

„Ja, freilich bin ich allein, leider.“

„Na, wollen Sie sich wo dazusetzen?“

„Nein danke, derweil noch net, sind eh noch einige Tische frei und wenn viele Leute kommen, dann können S’ die ja zu mir dazusetzen, wenn’s nette Leute sind, Sie wissen schon!“, antwortete ich hoffnungsvoll.

„Sehr gerne, hier wäre ein schöner Tisch, von da aus sehen S’ auch aufs Buffet rüber!“

„Wunderbar, da setz ich mich gleich her, danke schön, Herr Ober!“

„Mein Herr, wir servieren aber auch warme Speisen!“, so der Ober.

„Ja danke, aber des weiß ich eh noch von früher!“

„Was meinen Sie denn mit *früher*?“, fragte der Ober erstaunt.

„Ah, nix, war a Blödsinn, ich habe mich nur verplappert!“, konterte ich verlegen.

„Also, ich komm dann gleich die Getränke aufnehmen."

„Mein Gott, so ein Blödsinn mit meinem *früher*", durchfuhr es mich. „Der Ober kennt sich gar net mehr aus, na, der wird sich, was Schönes denken von mir! Und, da ist er schon wieder, der Herr Ober!"

„So, was darf ich Ihnen zum Trinken servieren?"

„Bringen S' mir bitte a Halberl von eurem genussvollen Schübel-Auer Riesling, der ist weit und breit der Beste, sagt man!"

„Danke schön, waren Sie schon einmal bei uns, weil S' das so genau wissen?"

„Ach so, nein, aber das Ehepaar, mit dem ich beim Mittagessen im Plachutta an einem Tisch gesessen habe, hat mir diesen Heurigen empfohlen und von eurem guten Riesling vorgeschwärmt!"

„Alles klar!", so der Ober.

„Jetzt hab ich grad noch die Kurve gekratzt – aufpassen, was du sagst, lieber Herr Julier", dachte ich still und leise.

„Wollen Sie sich vom Buffet bedienen oder ein Essen bei mir bestellen?"

„Ich nehme was vom Buffet, hab schon rüber *gespechtelt*, da gibt's ja köstliche Sachen!"

„Na, dann lassen Sie sich's gut schmecken und genießen Sie den Abend bei uns!"

„Das werde ich sicher tun, danke, Herr Ober, sehr freundlich von Ihnen, Kompliment!"

Das Lokal hatte sich zunehmend gefüllt, die Tische waren mittlerweile schon alle besetzt.

Ich holte mir einige gute Köstlichkeiten vom Buffet und genoss das Essen zu meinem Riesling.

„Jessas, Herr Ober, weil S' gerade vorbeikommen, bringen S' mir noch bitte einen kleinen Krug Sodawasser!"

„Sehr gerne, der Herr."

Kurze Zeit später, ich war mit dem Essen schon fertig, kam wieder der Ober und fragte mich, ob er eine kleine Damenrunde – drei fesche, junge Mädel – zu mir dazusetzen dürfte.

„Da habe ich nichts dagegen, selbstverständlich", erwiderte ich erfreut. „Wenn's die jungen Damen auch wollen?"

„Bei so einem charmanten älteren Herrn werden sie sich gerne dazusetzen, können S' mir glauben", so der Ober schmunzelnd.

Da waren sie schon, ich stand auf: „Küss die Hand, die Damen, es freut mich sehr, dass Sie sich zu mir setzen!", sprach ich sie an.

„Danke!", erwiderten die jungen Damen. „Wir freuen uns auch, dass Sie so nett sind und für uns noch Platz haben!

Ich bin die Sabine, das ist die Angelika und das ist Rosi. Wir feiern heute gemeinsam meinen Geburtstag!"

„Alles Gute, liebes Fräulein Sabine, ich heiße Johann Julier. Sie können alle ruhig „Hans" zu mir sagen".

„Lieber Herr Hans", sagte Sabine, „Sie erinnern mich so sehr an meinen lieben Opa, der schon lange Zeit in Australien lebt, er ist ausgewandert, als ich zehn Jahre alt war!

Ich würde liebend gerne Hansi-Opa zu Ihnen sagen, weil Sie mich so an ihn erinnern. Was meint ihr, Mädels?"

„Super Idee!", begeisterte sich Angelika.

„Erlauben Sie uns das, Herr Hans?", fragte Rosi.

„Natürlich, sehr gerne!“, strahlte ich sie an.

„Von jungen Menschen so wohlwollend behandelt zu werden, was gibt es Schöneres!“, dachte ich mir.

Die jungen Damen unterhielten mich köstlich, ich kam gar nicht zum Reden. Sie erzählten, dass sie heuer ihr Maturajahr haben und wenn sie die Matura bestehen, dann wollen sie anschließend gemeinsam die Einladung von Sabines Opa annehmen und eine Besuchsreise zu ihm an die Gold Coast in Brisbane in Australien unternehmen.

Dann aber fragte mich Angelika, wo ich denn in Wien lebe und was ich so mache.

„Pensionist bin ich und lebe im 19. Bezirk, allein. Meine liebe Frau ist leider schon verstorben und meine einzige Tochter, die in Argentinien lebte, leider auch!“, antwortete ich.

„Das tut uns aber leid, lieber Hansi-Opa!“, erwiderten die Mädels sichtlich gerührt.

„Ja, so ist halt, das Leben! Ich war Buchhalter bei Stastny & Partner in Hietzing, im 13. Bezirk. Die Firma gab es seit 1880. Das war eine große Künstler-Vermittlungs- und Vermarktungsagentur. Die haben einige Schauspieler zu Berühmtheiten gemacht, haben ihnen den richtigen Weg gezeigt und auch geebnet.

Mein Gott, der Max Reinhardt vom gleichnamigen Max Reinhardt Seminar, des kennen S', bestimmt, der ist beim Stastny aus- und eingegangen. Stastny Senior machte gute Geschäfte mit ihm.“

„Ist die Welt doch klein!“, entfuhr es Sabine aufgeregt. „Ich habe auch eine Bekannte, Nina heißt sie. Sie hat mit meinem Bruder Max das Gymnasium besucht. Beide sind der gleiche Jahrgang.

Mein Bruder hat nach der Matura gleich mit dem Medizinstudium begonnen, das wollte Nina zuerst auch, hat sich dann aber kurzfristig für das Max Reinhardt Seminar entschieden, weil sie Schauspielerin werden will. Mein Bruder hat noch immer Kontakt zu ihr, angeblich hat sie das Studium im Max Reinhardt Seminar sogar mit Auszeichnung abgeschlossen und startet jetzt ihre Schauspielkariere. Sie ist sehr hübsch, dunkelhaarig und hat ein markantes Gesicht, schwärmt mein Bruder von ihr. Und den Künstlernamen *Nina Hoff* hat sie auch schon. Jetzt braucht sie nur mehr Engagements mit guten Rollen!"

„Das klingt sehr interessant!", sagte ich, ohne mir anmerken zu lassen, dass ich die Nina ja vom Namen her kenne, durch die Fini.

„Max erzählte weiters", setzte Sabine fort, „dass Nina seit Kurzem einen Freund hat, einen richtigen Angeber. Toni Ricco soll er heißen, er wurde in Österreich geboren.

Angeblich hat er eine Import-Export-Firma, den Namen der Firma kenne ich aber nicht. Jedenfalls soll er laut Max mit dem Geld nur so protzen, ein überheblicher, arroganter Typ eben, der Nina nur Flausen in den Kopf setzt. Sie soll mit ihm nach Amerika an die Westküste auswandern und dort ihre Schauspielkariere anstreben, nicht in Wien, da geht ja nichts weiter, meint dieser Hochstapler.

Sein Vater, ein Süditaliener, aus Kalabrien, lebt in einem Vorort von Reggio, der Hauptstadt Kalabriens. Er hat angeblich in Los Angeles Verwandte und Geschäftspartner, die Nina beruflich helfen könnten.

Tonis Mutter ist Wienerin. Beide, Mutter und Sohn, sprechen perfekt Italienisch, denn sie haben nach Tonis Geburt zehn Jahre lang in

Kalabrien gewohnt, sind dann aber wieder nach Wien zurückgekehrt, warum, weiß ich nicht. Der Vater ist jedenfalls in Italien geblieben, er spricht kein Deutsch. Das weiß ich alles von Max.

Persönlich habe ich Toni nur einmal gesehen, ganz kurz. Er hat mir gleich schöne Augen gemacht und zu flirten begonnen. Mir ist er schon deshalb nicht sympathisch. Hoffentlich erlebt Nina nicht ihr blaues Wunder mit dem Typen.

Sie hat schon ein wenig von seiner Art angenommen, wenn das nur gut geht!“

Während unseres angeregten Gesprächs hatten sich die Damen zwischendurch abwechselnd am Büffet bedient.

Meine Einladung auf ein gutes Glas Wein zum Anstoßen nahmen sie dankend an.

„Aber jetzt, meine Damen, stoßen wir auf unser Geburtstagskind Sabine an. Sehr zum Wohl, schönes Fräulein, alles Gute, bleiben S’ gesund. Ein glückliches Leben, das wünsch ich Ihnen von ganzem Herzen!“, gratulierte ich Sabine.

„Na, dann, Prost, die Damen, auf Sabine!“

Ich hatte plötzlich große Lust, ein Lied für die Geburtstagsrunde anzustimmen, denn ich erinnerte mich an Momente, in denen ich oft in Filmen gesungen hatte. Also stimmte ich ein Lied aus meiner Filmzeit an. Mein Gesang schien die Herzen der jungen Damen zu berühren. Überhaupt war es für mich ein wunderschöner Abend. Die Zeit verging sehr schnell und ich wollte noch ein Weilchen in meinen Erinnerungen schwelgen, mit mir allein sein.

„Da schau her, zehn Uhr ist es auch schon! Meine Damen, seien S’ mir bitte nicht böse, aber für mich ist es Zeit zum Heimgehen!“, kündete ich mein spontanes Aufbrechen an.

„Wir gehen auch schon!“, kam es von den Mädchen. „Wir müssen ja morgen früh in die Schule.“

Wir bezahlten anschießend, der Ober bedankte sich und wünschte uns noch einen schönen Abend.

„Hansi-Opa, wir sind mit dem Taxi gekommen und fahren wieder mit dem Taxi zurück, die Heiligenstädter Straße entlang bis zur Billroth-Straße. Dürfen wir dich ein Stück mitnehmen?“

„Ja, wenn’s keine Umstände macht, gerne, ich muss sowieso in die gleiche Richtung. Bei der Radelmayergasse steig ich dann aus und geh zu Fuß weiter“, bedankte ich mich.

Die netten jungen Damen luden mich sogar auf die Taxifahrt ein und riefen mir bei Aussteigen noch zu: „Hansi-Opa, alles Liebe, bleib gesund, wir sehen uns ganz bestimmt wieder, du bist so ein lieber Mensch, Bussi, Bussi!"

Ich war schon zur Hälfte aus dem Taxi gestiegen, da übermannten mich die Tränen. „Ganz bestimmt, ihr Lieben, ganz bestimmt, man sieht sich im Leben immer zweimal", antwortete ich, bevor ich die Tür des Taxis zuwarf. Rührselig schlenderte ich zu mir nach Hause, weitere Erinnerungen taten sich auf ...

Ich konnte lange nicht einschlafen, musste auch immer an diese nette Begegnung mit den jungen Damen denken.

Das, was die Sabine über die zukünftige Schauspielerin Nina und ihren Freund erzählt hatte, schockierte mich ehrlich gesagt ein wenig.

Und erst die Aussage von diesem Toni, in Wien könnte man keine Schauspielkarriere starten, ist so ein Blödsinn. Der hat keine Ahnung, wovon er spricht.

Wie viele österreichische Schauspieler haben schon in Amerika eine Schauspielkarriere gemacht und sind Stars geworden? Zu meiner Zeit war das keine Handvoll.

„Jessas, morgen haben wir ja das gemeinsame Treffen bei Finis Eltern, da kommt doch Nina auch", grübelte ich vor mich hin.

„Da muss ich mich aber ganz diplomatisch verhalten, so tun, als wüsste ich von nichts. Zuhören ist also angesagt, lieber Johann, mehr nicht, reiß dich also zusammen und verplappere dich nicht", nahm ich mir gedanklich vor.

Es war schon weit nach Mitternacht, bis ich endlich einschlafen konnte.

Dafür wurde es am nächsten Tag mit dem Aufstehen gegen Mittag. Bis ich „gewaschen und gekämmt" war, wie man bei uns so schön sagt, war es bereits Mittag.

Ich begab mich auf den Weg zu einem Würstelstand in Döbling. So ein kleiner Imbiss war ausreichend, denn am Abend würde es ja wieder was zu essen geben bei den Bruckmüllers, hoffte ich halt.

Na, wer sagt's denn, schon an einem Würstelstand angekommen, er war direkt an der Hauptstraße, bestellte ich eine Käsekrainer mit Senf und Kren und a *resches* Semmerl dazu. Darauf hatte ich einen richtigen *Gusto*.

„Hey Opa, bei uns heißt des a „Eitrige", hat mir ein junger Mann vom Stehtisch her zu verstehen gegeben.

„Für mich nicht", entgegnete ich, „für mich ist das eine Käsekrainer, haben S' mich verstanden?"

Der Angesprochene schüttelte den Kopf und zog Gott sei Dank von dannen.

„Müssen S' entschuldigen, mein Herr", so der Standler, „aber solche Typen kommen immer wieder hier her, die Gäste kann ich mir leider net aussuchen!"

„Macht nix, aber Sie müssen mich auch verstehen, das Wort „Eitrige" klingt in meinen Ohren abstoßend, noch dazu für so eine gute Wurst!", gab ich zu verstehen.

„Ja, ist halt so, ich habe den Namen nicht erfunden", seufzte der Würstelstandbesitzer.

Anschließend spazierte ich in Richtung Währinger Park. Es war so ein schönes Wetter und auch schon viel wärmer. So beschloss ich, es mir im Park gemütlich zu machen.

„Na ja, in zirka drei Stunden kann ich eh schon wieder aufbrechen zu den Bruckmüllers.

Da ich keine Frau bin, ist es auch nicht notwendig, vorher nach Hause zu gehen, um mich schön zu machen. Schön bin ich sowieso von Haus aus. ‚Alles, was ein Mann schöner ist als ein Aff', ist Luxus!', heißt es ja", schmunzelte ich vor mich hin.

Im Währinger Park angekommen, wollte ich mich zuerst einmal auf eine Bank setzen, doch da saß schon ein älterer Herr.

„Gestatten Sie, dass ich mich ein bisserl dazusetze, um ein wenig zu rasten?", fragte ich.

„Ja, sehr gerne, setzen Sie sich doch her, wir werden wohl gemeinsam Platz haben!", antwortete der Mann.

„Wissen S'", sagte er, „ich komm fast jeden Tag in diesen Park, wenn es schön ist, natürlich. Diese gute Luft, die Ruhe, die hunderte Jahre alten Bäume und das mitten in Wien. Da kann man sich so richtig erholen und entspannen."

Dann ergänzte er: „Zwischen 1783 und 1923 war hier in diesem Park der Währinger Allgemeine Ortsfriedhof! Es war der „Nobelfriedhof", sagt man, weil sehr viele Prominente hier begraben wurden, Ingo Ritter von Ghega, der Ludwig Graf von Cobenzl und viele andere noch."

„Die haben sich schon das richtige Platzerl ausgesucht, nicht wahr!", antwortete ich.

„Haben S' das gewusst?", fragte er mich.

„Nein, woher denn! Ja, so ist es, mit den Reichen und Schönen. Aber mitnehmen haben auch die Reichen nichts können, auch deren letztes Hemd hatte keine Taschen!", gab ich zur Antwort.

„Was macht die Frau Gemahlin?", fragte ich dann neugierig.

„Jetzt werden S' erstaunt sein! Mit meinen 70 Jahren bin ich immer noch Junggeselle. Die einzige Frau, die ich wirklich geliebt habe, die hat einen anderen geheiratet und alle weiteren Frauen, die ich dann immer wieder kennengelernt habe, da war schlussendlich für mich keine dabei, mit der ich gemeinsam alt werden wollte. Und Sie, werter Herr, sind Sie verheiratet?", wollte er wissen.

„Ich war es! Meine Frau ist schon lange verstorben, jetzt bin ich so wie Sie wieder allein!"

„Und, hatten Sie auch Kinder?", fragte er mich.

„Ja eine Tochter, die lebte in Argentinien, ist leider auch schon viel zu früh verstorben. So nahm das Schicksal seinen Lauf. Der Herrgott wird schon wissen, warum er die einen früher und die anderen später zu sich holt!", antwortete ich betroffen.

Wir unterhielten uns noch recht lange.

„So, schön war's da hier mit Ihnen, aber jetzt mach ich noch einen kleinen Spaziergang durch den Park und dann muss ich sowieso schon los, denn heute bin ich eingeladen am Abend, darauf freue ich mich schon sehr!", verabschiedete ich mich.

„Machen Sie's gut, war nett, Sie kennenzulernen, auf Wiedersehen!", erwiderte der Herr.

„So, jetzt ist es eh schon bald Zeit, mich schön langsam auf den Weg Richtung Spittelau zu machen. Mit der U-Bahn traue ich mich allein noch net fahren, die Straßenbahn ist mir vertrauter", waren meine Gedanken.

Es war viertel vor 18 Uhr und schon stand ich vor einem sehr gepflegten Wohnhaus.

Da war es schon das Türschild: „Familie Bruckmüller, 2. Stock". Ich läutete an der Glocke. Ein Summton war zu vernehmen und schon öffnete sich die große Eingangstüre zum Haus.

„Den Lift nehm ich lieber nicht, denn was mach ich, wenn er plötzlich stecken bleibt", dachte ich ängstlich. So ging ich gemächlich die Stiege hinauf in den zweiten Stock und läutete an der Wohnungstür.

Die Tür ging auf und Fini stand freudestrahlend vor mir. „Hansi-Opa, schön, dass du da bist!", begrüßte und umarmte sie mich. „Komm herein, nein, nein, die Schuhe musst du bei uns nicht ausziehen!

Papa, Mama, das ist mein lieber Bekannter, Herr Johann Julier, für mich der liebe Hansi-Opa!"

„Herzlich willkommen, Herr Julier, schön, dass Sie unserer Einladung gefolgt sind, treten Sie bitte näher, hinein in die gemütliche Stube!", empfingen Finis Eltern mich freundlich.

Da läutete es schon wieder. „Ah, das wird Nina sein", sagte Fini, „ich mach auf und lass sie rein!"

„Bitte nehmen S' Platz, Herr Julier!", sprach die Hausfrau.

„Sehr schön wohnen Sie hier, so eine große, lichtdurchflutete Wohnung, Kompliment!"

Fini kam gemeinsam mit Nina ins Zimmer. „Guten Abend und danke, Familie Bruckmüller, für die Einladung!", sagte Nina.

„Nina, das ist der liebe Hansi-Opa, von dem ich dir erzählt habe. Herr Johann Julier mit richtigem Namen, und das ist Nina Hoff, unser angehender Schauspielstar!", stellte Fini uns schmunzelnd gegenseitig vor.

„Sehr erfreut", kam es von Nina. „Johann Julier", fuhr sie fort, „hieß nicht der berühmte Schauspieler Hans Moser mit bürgerlichem Namen auch so? Im Max Reinhardt Seminar hängen zahlreiche Bilder mit ihm, alles Filmausschnitte. Und Sie, Herr Julier, schauen ihm sogar sehr ähnlich!"

„Na, ja, danke fürs Kompliment, das ehrt mich", antwortete ich ihr.

„Aber wollt ihr net zuerst alle Platz nehmen? Wir fangen in ein paar Minuten mit dem Essen an, bevor es kalt wird. Anschließend können wir uns gemütlich unterhalten", so die Dame des Hauses.

„Aber machen Sie sich bitte keine Umstände, gnädige Frau!", sagte ich, „das ist ja net notwendig."

„Wer sagt das", erwiderte sie, „liebenswerte Gäste werden von uns immer gerne bewirtet, das ist so Tradition bei uns, nicht wahr, Ingo", und blickte vielsagend zu ihrem Mann.

Während Elisabeth Bruckmüller in die Küche verschwand, um essensmäßig nach dem Rechten zu sehen, Fini half ihr dabei, entschuldigte Herr Bruckmüller die Abwesenheit seines Sohnes Michi, der von heute auf morgen bei einem Freund übernachtete.

„Fini hat uns schon einiges von Ihnen, Herr Julier, erzählt, auch, dass Sie früher Buchhalter bei einer großen Wiener Künstler-Vermittlungs- und Vermarktungsagentur waren“, sprach mich Finis Vater an.

„Ja, bei Stastny & Partner in Hietzing, dem 13. Wiener Bezirk“, gab ich zur Antwort.

„Das ist interessant!“, warf Nina ein, „Sie sagten vorhin, dass Sie Herrn Reinhardt, den Gründer des Max Reinhard Seminars, persönlich gekannt hätten.“

„Was heißt gekannt, wir waren jahrelang sogar sehr eng befreundet!“, bestätigte ich stolz.

„Na, dann darf ich mich auch noch kurz beruflich vorstellen. Seit vielen Jahren leite ich als Beamter hier im Zollamt Österreich das Amt für Betrugsbekämpfung. Sie werden es kaum glauben, aber unser Resort hat sich auf Grund der steigenden Betrugsfälle in den letzten Jahren nahezu verdoppelt!“, so Ingo Bruckmüller.

Fini servierte inzwischen die Getränke, wie Wein, Bier, Apfelsaft und Mineralwasser mit den Worten: „Bedient euch, meine Lieben!“

Da kam auch schon ihre Mama aus der Küche mit einer großen Pfanne in den Händen und warnte: „Vorsicht bitte, heiß!“ und stellte die Pfanne auf den Untersatz mitten auf dem Tisch.

„Fini, hilf mir bitte schnell, die Kartoffeln und die Salate zu servieren!“

Nina sprang gleichzeitig auf: „Ich helfe euch dabei!“, rief sie den beiden nach.

„So, jetzt ist alles auf dem Tisch“, sprach die Dame des Hauses und hob den Deckel von der Pfanne. „Zwiebelrostbraten mit Bratkartoffeln, ich hoffe, es mundet euch. Guten Appetit!“

„Köstlich!“ „Wie das duftet!“ „Exzellent!“, waren die Komplimente, an die Hausfrau gerichtet.

„Es ist wahrlich ein Gaumenschmaus, das Fleisch ist genauso zart wie der Kruspelspitz beim Plachutta“, dachte ich mir still während des Essens.

Es hatte allen vorzüglich geschmeckt, Frau Bruckmüller wurde abermals mit Komplimenten überhäuft. Während des Essens erzählte sie, dass sie seit Tagen ein Kochbuch lektoriere. „Ein sehr bekannter niederösterreichischer Haubenkoch will es auf den Markt bringen. Dabei habe ich mir noch die letzten Feinheiten für den Zwiebelrostbraten geholt“, scherzte sie.

Als Nachspeise zum Kaffee gab es noch einen original Wiener Milchrahmstrudel, ebenfalls eine gelungene Köstlichkeit.

„Hat es Ihnen gemundet, meine Herrschaften?“, fragte die exzellente Köchin und bekam von uns allen wohlwollende, dankende Zustimmung.

„Na, dann können wir uns ja jetzt dem unterhaltsamen Teil widmen und danke noch mal für die Komplimente“, erfreute sich die Dame des Hauses.

„Nina, schieß los, du wolltest ja dem Hansi-Opa einige Fragen zu deiner Schauspielerei stellen, jetzt hast du die Gelegenheit dazu!“, forderte Fini sie auf.

„Ja, danke! Fini hat Ihnen sicherlich schon einiges von mir erzählt, Herr Julier?

Also, jetzt, nach erfolgreichem Abschluss meines Studiums beim Max Reinhardt Seminar, versuche ich nun schon längere Zeit vergeblich, irgendwie als Schauspielerin eine Rolle zu ergattern – aber das ist nicht einfach, das kann ich Ihnen sagen!

Einige Agenturen, die ich kontaktiert habe, leider erfolglos, haben nicht einmal geantwortet!

Mein Freund Toni, Toni Ricco, ist in Österreich geboren, sein Vater ist Geschäftsmann in Süditalien, in der Nähe von Reggio in Kalabrien, will vehement, dass ich mit ihm an die Westküste der USA nach LA auswandere und dort mit der Schauspielkarriere starte. Sein Vater hat dort Verwandte und gute Geschäftspartner. Tonis Mama, sie ist auch Österreicherin, ist derselben Meinung."

„Und Sie glauben, liebes Fräulein, dass es in Amerika einfacher ist als in Österreich?", fragte ich herausfordernd.

„Wie viele österreichische Schauspieler haben denn schon in Hollywood Schauspielkarriere gemacht – das ist eine Hand voll, net mehr!

Na, wen hätten wir denn da: Hedy Lamarr, Maximilian Schell, Ingo Heinz Böhm, Klaus Maria Brandauer, Christoph Waltz und letztendlich, viel später, den Arnold Schwarzenegger. Mir fällt sonst niemand mehr so schnell ein.

Und im deutschsprachigen Raum, da gibt es eine Vielzahl an Schauspielstars. Nehmen S' die weltberühmte gebürtige Wienerin Senta Berger her, die hat sogar mit Hollywoodstars wie Richard Widmark, Kirk Douglas und Yul Brynner gedreht, und die ganzen Hörbigers, alles Österreicher."

„Wo hat Senta Berger studiert?", fragte Nina.

„Im Max Reinhardt Seminar", gab ich zur Antwort, „gemeinsam mit Erika Pluhar und *Elisabeth Orth*, bürgerlich Elisabeth Hörbiger. Ihr Sohn ist der bekannte Schauspieler und Regisseur Cornelius Obonya, eben auch ein Österreicher. Er lebt mit seiner deutschen Frau in Wien. Und da könnte ich noch weitere aufzählen, die Schauspielstars wurden und noch sind.

Na, was sagen S' jetzt, Nina?

Wenn S' nach Amerika auswandern, da müssen S' zuerst einmal die englische Sprache fließend beherrschen. Und glauben S', liebes Fräulein, dass man in Amerika auf Sie wartet?

Was sind denn das für Geschäftsleute überhaupt, die Tonis Vater in Los Angeles angeblich kennt. Sind die im Filmgeschäft etabliert?", „haben S' das schon einmal hinterfragt, Nina?

Also, ich halt nix davon, seien S' mir bitte nicht böse, liebe Nina. Bleiben S' doch hier, im schönen Wien. Sie waren bisher in Wien auch höchst erfolgreich, haben alles bravourös geschafft, das weiß ich von Fini, da werden S' wohl den nächsten Schritt ebenfalls erfolgsgewohnt packen. Davon bin ich überzeugt.

Wenn S' wollen, denk ich darüber nach, wie ich Ihnen dabei helfen kann. Aber nur, wenn Sie das wirklich möchten, aufdrängen tu ich mich nicht!", so meine abschließenden Worte.

„Das ist doch ein super Angebot Nina, ich würde es an deiner Stelle sofort annehmen!", wandte sich Fini erfreut an Nina.

„Ja, ich weiß, danke, aber was wird Toni dazu sagen?"

„Frag ihn einfach, was er dazu meint. Die Entscheidung musst sowieso du ganz allein treffen!", antwortete Fini.

„Ja, genau, das mache ich!", entschied Nina.

„Und Sie, Herr Julier, sind so nett und rufen mich bitte an, wenn sich was ergeben sollte, hier ist meine Telefonnummer!"

„Natürlich, liebe Nina, ich versuch mein Bestes, freu mich schon!

Für dich, liebe Fini, werde ich mich, sofern du es auch willst, ein bisschen umhören, ob irgendwo eine Stelle frei ist, wo du als Maskenbildnerin anfangen kannst. Versprechen kann ich auch dir nix, das sage ich dir gleich!"

„Danke trotzdem, lieber Hansi-Opa, bei dir habe ich aber ein gutes Gefühl!", antwortete Fini begeistert.

„In den kommenden Tagen, fällt mir gerade ein, werde ich versuchen, alle meine Bekannten, sofern sie überhaupt noch leben, zu kontaktieren. Ein altes Sprichwort besagt ja, dass beim Reden die Leute zusammenkommen", ergänzte ich noch.

„Ein wahres Wort", so Finis Mama.

„Und danke für Ihre Bemühungen, Herr Julier!", fügte ihr Mann noch hinzu.

„Mein Gott, die Zeit ist aber schnell vergangen, es ist schon nach 22 Uhr!", stellte ich fest. „Ja, es hilft nix, liebe Familie Bruckmüller, aber jetzt muss ich mich auf den Nachhauseweg machen. Herzlichen Dank noch mal für die Einladung. Es war wahrlich sehr nett bei Ihnen. Danke auch für das köstliche Abendessen!", würdigte ich die Bemühungen der Familie.

„Wären Sie so freundlich", fragte ich noch Herrn Bruckmüller, „mir ein Taxi zu rufen? Jetzt fahr ich net mehr mit der Tramway heim, das ist mir in der Nacht zu umständlich und zu finster ist es auch, hi, hi, hi, Scherz!"

„Sehr gerne, der Taxistand ist ja sowieso nur wenige hundert Meter von unserem Haus entfernt", antwortete Ingo. „Brechen wir auf, denn das Taxi wird gleich hier sein."

Nina blieb noch bei ihrer Freundin Fini.

Wir verabschiedeten uns voneinander und Herr Bruckmüller begleitete mich hinunter, wo wir vor dem Haus auf das Taxi warteten.

„Sehen S', da kommt's ja schon, das Taxi!

Hören S', Herr Julier, ich werde Sie nächste Woche anrufen, die Fini hat ja eh Ihre Telefonnummer. Wir beide müssen uns unbedingt noch einmal allein treffen, dann erzähle ich Ihnen einiges über Ninas Freund Toni. Der Kerl ist nicht lupenrein, wir hatten ihn beim Zoll schon einmal auf unserer Liste, es ist aber nichts rausgekommen, noch nicht! Er steht nach wie vor unter Beobachtung bei uns. Aber das ist *topsecret*, Herr Julier!"

„Versteht sich, Kompliment und auf Wiedersehen, Herr Bruckmüller, und das ist wörtlich gemeint!", bestätigte ich.

„Hinein ins Taxi und los geht's, nach Hause!"

„Da schau her, das habe ich mir ja gleich gedacht", sinnierte ich im Taxi vor mich hin. „Der Vater vom Toni, der ist in meinen Augen sowieso ein *Mafioso*, weil's ja wahr ist. Noch dazu stammt er aus Kalabrien, von dort hört man schon gar nichts Gutes, na, gratuliere. Und die Mama vom Toni ist eine Österreicherin. Ja, wo hat die denn hingeschaut vorm Heiraten? Als ob wir in Österreich keine heiratsfähigen Männer hätten.

Und auswandern will er mit ihr, dieser Toni, gleich in die Nähe von Hollywood. In dem Filmgeschäft dort drüben ist eh alles in den Händen der Mafia, hört man jedenfalls. Aber da passen sie dann sowieso gut hin, die zwei, Toni und sein Vater.

Na, na, die Nina soll schön da bleiben in Österreich. Da ist noch nicht das letzte Wort gesprochen.

Aber was reg ich mich denn so auf, sie ist ja net meine Tochter. Schade eigentlich, ein so ein liebes Mädel, so wie meine Margarete.

Möglicherweise gibt mir der Herrgott jetzt die Chance, bei Nina das nachzuholen, was ich bei meiner Tochter leider kläglich versäumt habe. Weiß man's? Bitte, liebes Universum, hilf mir dabei", flehte ich zum Himmel gerichtet.

Das mit Toni ließ mir einfach keine Ruh. Man muss nicht voreingenommen sein, aber komisch war das Ganze schon. Das mit dem Zoll, noch dazu mit der Abteilung für Betrugsbekämpfung, wo der Bruckmüller als leitender Beamter tätig ist, suspekt, suspekt. „Damit möchte ich nichts zu tun haben. Gott behüte!", kam es lautstark über meine Lippen.

„So, mein Herr, da sind wir!" Das Taxi hielt vor meinem Gartentor an. Ich bezahlte und wünschte dem Fahrer noch eine angenehme Nacht.

Das ganze Wochenende verbrachte ich mit Recherchen nach alten Bekannten und Geschäftsfreunden. Ich suchte im Telefonbuch nach Namen und Adressen, fand aber nichts, womit ich etwas hätte anfangen können.

Am Montag, es war früher Vormittag, brach ich auf zum Theater in der Josefstadt, in den 8. Wiener Bezirk Josefstadt, mit der Tramway natürlich und das letzte Stück zu Fuß. Zeit hatte ich genug.

„Mein Gott, von außen schaut das Theater auch wie früher aus", erinnerte ich mich, „im Inneren haben sie wahrscheinlich einiges verändert, na, lassen wir uns überraschen!"

Ich ging hinein. Das große Eingangsportal stand offen und die Portierloge war mit einem älteren Herrn besetzt.

„Halt!", rief er mir zu. „Da schau mal her, wen haben wir denn da, den Herrn Hans Moser! Ja, was machen denn Sie da, Herr Moser, treten Sie gar wieder auf bei uns?", rief mir der Portier erstaunt aus seiner Loge zu.

„Gehen S', hören S' doch auf mit dem Blödsinn, über längst Verstorbene scherzt man nicht!", erboste ich mich ein wenig gekünstelt.

„Entschuldigen S' schon, aber Sie sind ihm wie aus dem Gesicht gerissen. Bei uns kriegen Sie mit dem Aussehen sofort eine Rolle, da bin ich überzeugt!", so der Portier.

„Ich brauch keine Rolle, aber meine Enkelin, ein bildhübsches, junges, talentiertes Mädel. Sie hat sogar das Studium im Max Reinhardt Seminar mit ausgezeichnetem Erfolg abgeschlossen. Für *sie* suche ich eine Rolle, sie will Schauspielerin werden."

„Kommen S' ein bisserl näher, Herr Moser!", forderte der Portier mich auf. „Entschuldigen S' halt, aber hat Sie wirklich noch niemand darauf angesprochen, wegen Ihrer Ähnlichkeit mit dem Hans Moser?"

„Und wenn schon", antwortete ich schnippisch, „Doppelgänger, die hat es schon immer gegeben!"

„Na dann, nichts für ungut. Vielleicht habe ich einen guten Tipp für Sie, denn Sie sind mir trotzdem sympathisch, obwohl ich Sie ja gar nicht kenne!", sprach der Portier mit sanfter Stimme.

„Jetzt kommen S' schon näher, muss ja nicht jeder hören, was ich Ihnen zu erzählen habe!", forderte er mich auf. Dabei stieß ich eh fast schon mit dem Gesicht an die Glasscheibe der Portierloge.

„Hören S', es gibt da an Heurigen in Nussdorf, den Schübel-Auer, dort treffen sich jeden zweiten Donnerstag im Monat am frühen Abend einige unserer Chefs mit Regisseuren, Produzenten und Künstler-Vermittlern, wenn sie Zeit haben, zu einer Stammtischrunde. Da wird einiges „ausgeschnapst", wie man bei uns so sagt, denn da sind die allein unter sich, die feinen Herren.

Dort würde ich einmal hingehen. Gehen S' in den Heurigen rein, schauen Sie sich zuerst ein bisserl um, ob Sie die Herrschaften sehen. Wenn ja, geben S' dem Ober a *Schmattes* und sagen S' ihm, er soll Sie zu dem Tisch, wo diese Herrschaften sitzen, dazusetzen, weil sowieso alles gesteckt voll ist."

„Wie soll ich die Herrschaften erkennen?", fragte ich.

„Ganz einfach“, erklärte der Portier, „unser Herr Mirkowitsch von der Chefetage, der ist leicht zu erkennen, er ist so Mitte 50, groß gewachsen, hat schneeweiße, schulterlange Haare und einen Spitzbart. Der ist immer dort, was ich weiß.

Na, und dann, wenn die a bisserl *pipperlt* haben, wird sich schon ein Gespräch ergeben, Sie wissen schon, was ich meine.

Aber machen Sie sich keine Sorgen, die werden Sie sowieso gleich ansprechen, weil sie glauben, Hans Moser ist erschienen – quasi eine Wiederauferstehung – ha, ha, ha! Unter Garantie, da wett ich was drauf!“, rief der Portier mir noch zu.

„Hören S’ auf mit dem Wetten, des Geld ist schneller verspielt, als man glaubt. Aber ich danke Ihnen sehr, Herr Portier, für den Ratschlag, Kompliment, auf Wiedersehn!“

„Da schaust du her, man soll nichts unversucht lassen. Nur, wer sein Ziel kennt, findet den richtigen Weg, eine alte Weisheit“, dachte ich mir und fasste einen Plan.

„Beim Schübel-Auer in Nussdorf, da war ich ja vorige Woche schon. Hinfahren werde ich dieses Mal wieder mit der Tramway. Mit dem Auto wär’s blöder, denn da kann man ja nix trinken, wegen der Polizei, aber ich hab ja eh kein Auto. Heim fahr ich dann wieder mit dem Taxi. Ja, das passt genau!“, so mein Gedankengang.

„Na ja, heute ist Montag, die Zeit vergeht eh so schnell, dann fahr ich gleich am Donnerstag raus nach Nussdorf, schauen wir einmal, ob und was sich ergibt!

Morgen zu Mittag darf ich ja nicht vergessen, um 13 Uhr bin ich bei meinen Nachbarn zum Mittagessen eingeladen, damit wir uns gegenseitig kennenlernen“, resümierte ich.

Das Mittagessen bei den Nachbarn war sehr gut, die Leute waren überaus nett, aber neugierig, besonders die gnädige Frau. Gerade, dass sie net an Lebenslauf von mir verlangt hat. Ihr Gemahl hat brav zugehört und ab und zu genickt.

Am Mittwoch fuhr ich dann ins Max Reinhardt Seminar und wollte mich dort ein bisschen umhören und umschauen.

Als ich um 11 Uhr vor dem Max Reinhardt Seminar stand, teilte mir im Eingangsbereich der Portier gleich mit: „Heute, mein Herr, ist eine geschlossene Veranstaltung, da darf niemand hinein, kommen S' morgen wieder."

„Was heißt ‚Kommen S' morgen wieder!' Jetzt bin ich umsonst daher gefahren. Für nix und wieder nix!", reagierte ich verärgert.

„Machen S' doch einen schönen Spaziergang, mein Herr, heut ist es eh ein Traumwetter!", so der Ratschlag vom Portier.

„Des überlassen S' bitte mir, was ich jetzt mach, wenn es recht ist!" Mit diesen Worten drehte ich mich um und ja, ich spazierte los. Was sollte ich denn sonst tun!

„Na, gratuliere, der Mittwoch hat also außer viel frischer Luft nichts gebracht, aber schon gar nichts!", dachte ich mir enttäuscht.

Für die Mittagszeit nahm ich mir vor, nur einen kleinen Imbiss im nahegelegenen Café Döblinger-Treff einzunehmen, am Abend würde sowieso wieder die Qual der Wahl am Heurigen-Buffet anstehen.

„Am Nachmittag", so mein Gedankengang, „mach ich noch ein kurzes Mittagsschlaferl. Den Wecker muss ich sicherheitshalber auf 17 Uhr stellen, net, dass ich verschlaf. Beim Heurigen sollte ich schon pünktlich sein."

Wieder mit der Straßenbahn gefahren, war ich so gegen halb sieben am Abend beim Schübel-Auer.

Ich befolgte, was der Portier vom Theater in der Josefstadt mir geraten hatte. Zuerst schaute ich mich im Heurigen ein bisserl um. Tatsächlich, schon zu dieser frühen Zeit, waren alle Tische besetzt.

„Da schau her", ich erblickte erstaunt am Tisch beim Kachelofen die besagten Herrschaften, „da sitzt auch der Herr mit den langen weißen Haaren und dem Spitzbart mit weiteren drei Personen. Die werden sicher noch auf jemanden warten", dachte ich mir, denn am Tisch waren noch zwei Plätze frei.

Heuriger Schübel-Auer, Nußdorf bei Wien

Da kam schon der Ober mit den Worten auf mich zu: „Schaut schlecht aus mit einem Platzerl!“

„Ja, ich sehe es, Herr Ober!“, antwortete ich und steckte ihm geschwind ein *Schmattes* in seine Gilettasche mit den Worten: „Schauen S’ dort am Kamintisch, da wären noch zwei Plätze frei, da setzen S’ mich bittschön dazu!“

„Da schau her, das habe ich gar nicht gesehen“, so der Ober. „Kommen S’ schnell mit!“, forderte er mich auf.

„Verzeihen Sie, meine Herrschaften“, sprach er die Gesellschaft an. „Hätten die Herren vielleicht noch ein Platzerl frei für diesen netten Junggesellen?“

„Na klar!“, erwiderte einer der Herren,wobei sein überraschter Blick kurz auf meinem Gesicht verweilte und er daraufhin meinte: „Dem berühmten Schauspieler Hans Moser schlagen wir die Bitte doch nicht ab, ganz im Gegenteil, es ist uns eine Ehre! Nehmen S' bitte Platz, Herr Moser!“

Hans Moser im Nußdorfer Heurigen Schübel-Auer

„Mein Name ist Johann Julier, net Hans Moser!“, entgegnete ich verschmitzt. „Der Moser ist schon lang verstorben. Was glauben Sie denn, dass ich gar vom Himmel herabgestiegen bin, meine Gruft draußen am Parkplatz abgestellt hab zum Heimfahren?“

Befangenes Lachen war die Folge.

„Sag, hat Hans Moser nicht mit bürgerlichen Namen „Johann Julier“ geheißen?“, stellte der weißhaarige Mann in den Raum, als sich alle wieder gefasst hatten.

„Klar, Paul, du sagst es!“, kam aus der Runde.

Inzwischen hatte ich mich hingesetzt, aber es ließ mir einfach keine Ruhe und so sagte ich zu dem Deutschen noch: „Doppelgänger und Namensgleichheiten, mein Herr, die soll es geben, hat es immer schon gegeben. Nur bei euch Deutschen net, ihr seid Unikate, euch gibt's nur einmal!“

Schallendes Gelächter kam von den anderen.

„Humor hat der Herr! Geben Sie's her, Ihr Glas, zum Einschenken. Sie können ruhig mit mir als *Piefke* anstoßen“, forderte mich der Deutsche amüsiert auf.

„Sehr zum Wohl, Herr Julier, schön, dass Sie bei uns sind", hießen mich die Herren willkommen und konnten sich das Lachen dabei kaum verkneifen.

Anschließend stellten sie sich mir der Reihe nach namentlich vor, die Vornamen habe ich mir gemerkt, die Nachnamen in der Aufregung natürlich nicht, darum musste ich noch einmal nachfragen.

Paul Mirkowitsch war *Artdirector* in der Josefstadt, Ludwig Hirnschall der Inhaber einer Künstler-Vermittlungs- und Vermarktungsagentur in Wien, Friedrich Dollinger Regisseur beim Deutschen Theater München und David Dohle Filmproduzent in Berlin. Seine Firma heißt „Major-Berlin-Pictures".

„Und Sie sind noch berufstätig?", fragte mich Herr Hirnschall und fügte gleich hinzu: „Ich bin übrigens der Wiggerl!"

„Na, dann bin ich der Hans", und schlagartig waren wir alle per Du.

„Um auf deine Frage zurückzukommen, ich bin Pensionist, früher war ich Buchhalter, auch in einer Vermittlungsagentur für Künstler insbesondere Schauspieler, in Wien, aber die Agentur gibt es nicht mehr."

„Na, das ist ja großartig, da kommen wir ja aus dem gleichen „Stall" – Metier!", ergänzte David, der deutsche Filmproduzent.

„Wir drehen *Revival*-Filme wie zum Beispiel „Schindlers Liste", „Der Pianist" und so weiter. Vielleicht drehen wir sogar einmal ein *Revival* mit dem berühmten Hans Moser in der Hauptrolle. Die jedenfalls ist dir dann sicher, lieber Hans, Hand aufs Herz, ihr habt es alle gehört.

Wenn du auch noch singen kannst wie Hans Moser, nuscheln beim Reden so wie er, dann wird der Film ein Erfolgsprojekt."

„Wir nehmen dich beim Wort, David", stimmten alle mit ein.

„Aber geh, des glaubst du ja selbst nicht", entgegnete ich verlegen, „ich bin doch kein Schauspieler!"

„Vielleicht bist gerade *du* ein exzellenter Schauspieler, lieber Hans", warf Friedrich, der Regisseur aus Koblenz, ein. „Vielleicht gerade du", fügte er mit Nachdruck hinzu?

Da blieb mir kurzfristig die Luft weg. „Was meint er denn, ahnt er gar etwas?“, dachte ich. „Hoffentlich lass ich mir nichts anmerken!“, war meine Sorge.

„Ich würde schon eine Rolle brauchen, aber nicht für mich! Für ein hübsches, liebes und gescheites junges Mädel aus Wien. Keine Freundin, wie ihr vielleicht meint. Net falsch verstehen, sie könnte meine Enkeltochter sein. Das Mädel ist mir ans Herz gewachsen!“, teilte ich ihnen mit.

„Sie hat das Gymnasium und danach auch das Studium beim Max Reinhardt Seminar mit Auszeichnung absolviert“, fuhr ich fort. „Sie ist also eine angehende Schauspielerin, leider ohne Rolle und ohne Engagement. Daher habe ich versprochen, ihr diesbezüglich zu helfen.“

„Interessant, interessant, hast du vielleicht ein Foto von ihr?“, fragte mich Friedrich.

„Muss ich nachschauen, Moment bitte! Ja, da haben wir’s schon, das ist sie, die liebe Nina – *Nina Hoff*, so ihr Künstlername, den hat sie auch schon!" Das Foto, das mir Fini gegeben hatte, wurde in der Runde herumgereicht.

„Ein wahrlich hübsches Mädchen, markantes Gesicht, schöne Augen. Wie groß ist sie denn?", fragte Friedrich.

„Jedenfalls viel größer als ich, glaube so 1,70 Meter, schlanke Figur. Und 25 Jahre alt ist sie!", war meine Antwort.

„Mal nachdenken!", kam es zurück.

„Das interessiert mich, ich werde sie zum Vorsprechen einladen", meinte Friedrich. „Lieber Hans, komm mit ihr gemeinsam nach München, ich lade euch beide ein. Ruf mich an, ob ihr das Angebot annehmt!"

Anschließend tauschten wir die Telefonnummern aus und begaben uns abwechselnd ans Buffet.

Der Ober brachte Wein und Mineralwasser automatisch immer wieder nach, diese Gesellschaft kannte er anscheinend schon recht gut.

„Friedrich, nach dem Vorsprechen bei dir rufst du mich bitte an!", bat ihn David. „Sag mir, was sie für einen Eindruck auf dich gemacht hat!"

„Entschuldigen S', die Herren, aber ich muss kurz einmal wohin, gestatten?"

„Ich komm gleich mit dir, Hans", sagte Wiggerl.

Auf dem Weg zur Toilette hielt mich Wiggerl kurz an. „Hans, ich glaube, was Hochinteressantes für deine Nina zu haben. Mein Freund in Hamburg, er und seine Frau sind Filmproduzenten, die beabsichtigen in absehbarer Zeit in Hamburg eine Kriminalkomödien-Serie mit dem Titel „Kavaliersdelikt" zu drehen. Roger, so heißt er, hat mich vergangene Woche angerufen und mich gefragt, ob ich eine junge, flotte Schauspielerin kenne mit markantem Gesicht, für die weibliche Hauptrolle. Aber kein Wort zu den anderen, ich ruf dich diesbezüglich morgen an."

Wir saßen sage und schreibe bis ein Uhr morgens zusammen und plauderten über Gott und die Welt. Eines habe ich jedoch festgestellt: Die vier Herren verstehen sich untereinander prächtig, aber vertrauen tun sie sich gegenseitig nicht, das war zumindest mein Eindruck. Da lässt keiner die Katze aus dem Sack, denn jeder ist für sich zu sehr auf seinen eigenen Vorteil bedacht.

Es war ein wunderschöner, informativer Abend für mich, noch dazu hatten sie mich zu Speis und Trank eingeladen.

„Jetzt werde ich einmal eine Nacht darüber schlafen, sofern ich überhaupt ein Auge zumachen kann vor lauter Ereignissen, und dann schauen wir weiter, was sich ergibt.

Der Bruckmüller wollte mich ja auch noch anrufen, vielleicht ruft er morgen an“, fiel mir ein. „Ja, und dann sollte ich auch Nina wieder treffen.

Jetzt überschlagen sich die Dinge, also langweilig wird mir nicht, so wie es aussieht.“

Tatsächlich am nächsten Vormittag klingelte mein *Handy*, Herr Bruckmüller war am Apparat.

„Guten Morgen Herr Julier, nett, Ihre Stimme zu hören, geht es Ihnen gut?“, begrüßte er mich.

„Danke der Nachfrage, Ihnen hoffentlich auch?“, erwiderte ich.

„Danke ja. Ich habe was Interessantes, den Toni betreffend. Haben S' Zeit für einen Kaffee?“

„Ja, wo, wann?“, fragte ich.

„Mittags um 13 Uhr im Café Landtmann, des kennen S' eh, ist Ihnen das recht?“

Café Landtmann - Wien

„Na, selbstverständlich kenn ich das Café Landtmann! Einverstanden, ich bin pünktlich dort!“, bestätigte ich.

Und es ging schon los! Ich musste mich beeilen, um nicht zu spät zu kommen. Das hat man davon, wenn man nicht frühmorgens aufsteht. Genau die Zeit fehlt einem dann, die man verschlafen hat. „Kruzifix!“, ärgerte ich mich.

„Wo ist denn meine Uhr, wo habe ich denn die wieder hingelegt?“

Auf dem Nachtkästchen lag sie, hinterm Wecker versteckt. „Wie soll ich sie denn da sehen?“, schimpfte ich ungehalten.

„Den Kaffee trink ich noch schnell zu Hause vor dem Weggehen. Eine Kleinigkeit, vielleicht ein Würstel mit Saft, kann ich ja dann beim Landtmann essen“, beruhigte ich mich.

„Ich bin schon gespannt, was der Bruckmüller zu erzählen hat“, dachte ich erwartungsvoll.

Als ich das Café Landmann betrat, winkte Herr Bruckmüller mir schon von seinem Tisch aus zu.

„Grüß Gott noch einmal, setzen Sie sich bitte, Herr Julier!“, begrüßte er mich hocherfreut.

„Grüß Gott, sehr freundlich, Herr Bruckmüller!“, kam es ebenso herzlich von mir.

Wir bestellten beide beim Ober eine Melange und sagten ihm, dass wir später auch noch eine Kleinigkeit essen würden.

„Na, schießen S’ los, was gibt es denn Neues?“, forderte ich Herrn Bruckmüller erwartungsvoll auf.

„Herr Julier, Sie werden’s nicht für möglich halten! Wir haben einen Hinweis von den italienischen Behörden bekommen, dass dieser Toni mit seinem Import-Export-Geschäft in einen riesigen Drogen- und Zigarettenschmuggelskandal verwickelt ist. Die Zigaretten werden aus Italien gemeinsam mit Olivenöl nach Österreich geschmuggelt und umgepackt weiter nach Deutschland geliefert. Die Drogen stammen aus den Oststaaten, werden als Vitamintabletten deklariert, in etikettierte Dosen verpackt und über Österreich weiter nach Italien geschleust. Die Staatsanwaltschaft hat bereits vor einigen Wochen die Befugnis erteilt, dass alle Telefongespräche, die bei Toni ein- und ausgehen, abgehört werden können.

Die Schmuggelzigaretten von Handelsschiffen, die in der Freihandelszone vor den italienischen Küsten Kalabriens und Apuliens ankern, werden in gepanzerte Schnellboote umgeladen und ans Festland gebracht und dort von der *Organisation* weiter verteilt. Die Schnellboote sind dunkel, glitzer-metallic lackiert, damit sie in der Dämmerung vom Helikopter aus im Meer nicht sichtbar sind, da sie sich wie das Meer spiegeln. Es ist ein Milliardengeschäft, was diese Verbrecherorganisation da betreibt.

Tonis Vater ist einer der *Drahtzieher*!

Also, von Kalabrien", erzählte er weiter, „kommen die Schmuggelzigaretten auf Paletten gepackt gemeinsam mit Olivenöl nach Österreich. Bevor die LKWs aus Kalabrien mit den Schmuggelzigaretten, die gemeinsam mit dem Olivenöl auf Paletten gepackt werden, nach Österreich und zum Zoll nach Wien kommen, wird die Ware angeblich unterwegs in drei uns noch nicht bestätigten Lagerhallen umgepackt und die Schmuggelzigaretten werden in andere LKWs verladen. Diese Lagerhallen sollen angeblich in Kärnten, in der Steiermark und in Niederösterreich sein.

Durch einen Zufall haben unsere Zollbeamten in so einem LKW noch eine Palette Zigaretten, die nicht als solche deklariert wurden, also Schmuggelware, entdeckt. Wahrscheinlich wurde diese Palette übersehen, es wurde versäumt, sie unterwegs auszuladen. So sind wir den Tätern auf die Spur gekommen. Die Ladung war für Tonis Firma bestimmt.

Toni hatte alles bestritten, er wisse davon nichts, das müsse ein Irrtum sein und so weiter.

Und dann hat es noch ein Telefongespräch zwischen ihm und seinem Vater, in italienischer Sprache geführt, gegeben, das ebenfalls von unseren Kriminalisten abgehört wurde:

„Che imbecilli che siete, tu e la tua gente, incapaci. ¿Vi rendete conto di quello che state facendo?

Dovreste avere la testa agli affari e non passare il vostro tempo con questo stupido burattino che vi sta incasinando la testa.

Mi hai capito? Sistema la questione, o ti toglieremo dal giro e potrai andare a vendere pizza. Altri tre camion arriveranno in Austria il mese prossimo. Ti farò sapere la data esatta.“

„Sì, padre, cosa devo fare ora?“

„Pensa a qualcosa, ma fallo in fretta, accendi quel cervello!“

Auf (Deutsch „Was seid ihr nur für Schwachköpfe, du und deine Leute, ihr Versager. Ist dir klar, was du damit anrichtest?

Du solltest dich auf dein Geschäft konzentrieren und nicht die Zeit mit dieser dummen Schauspielpuppe, die dir den Kopf verdreht, verbringen.

Hast du mich verstanden? Bring das in Ordnung, sonst nehmen wir dich raus aus dem Geschäft, dann kannst du Pizza verkaufen. Im nächsten Monat kommen noch drei weitere LKWs nach Österreich. Den genauen Zeitpunkt teile ich dir noch mit.“)

„Ja, Vater, was soll ich jetzt machen, fragte Toni?“

„Lass dir was einfallen, aber rasch, schalt dein Gehirn ein!“

„Na, Herr Julier, was sagen Sie dazu? Ein Schlawiner, dieser Toni, nicht wahr! Was machen wir denn jetzt mit Nina, sollen wir es ihr sagen oder warten, was mit Toni geschieht, wie die Kriminalbeamten weiter vorgehen?“, wollte Herr Bruckmüller von mir wissen.

„Warten wir's noch ab!“, riet ich ihm. „Das wird schon alles seinen richtigen Verlauf nehmen, hoffe ich jedenfalls. Aber, was geschieht jetzt mit den Ladungen, die für den nächsten Monat angekündigt sind?“

„Der Grenzschutz ist bereits informiert, auch der Zoll in ganz Österreich. Sobald wir den Zeitpunkt genau kennen, wird jeder LKW mit italienischem Kennzeichen, der die österreichische Grenze passiert, egal, ob am Brenner, in Arnoldstein oder in Spielfeld, registriert und stichprobenartig auch die geladene Ware kontrolliert.

Gibt es etwas Verdächtiges, lassen wir den LKW trotzdem weiterfahren, er wird jedoch von der Zivilstreife bis ans Endziel unauffällig begleitet, also verfolgt. Somit warnen wir die anderen beiden LKWs, die noch unterwegs nach Österreich sind, nicht.

Das sind organisierte Verbrecher, mit denen ist nicht zu spaßen!"

„Ja, ihr werdet das schon richten, da mach ich mir keine Sorgen", war ich mir sicher. „Mit Toni schaut es auf keinen Fall gut aus, der wird wahrscheinlich für einige Jahre ins Gefängnis wandern."

„Apropos, ist Nina in Wien oder ist sie unterwegs?", fragte ich Herrn Bruckmüller.

„Nina ist in Wien", gab er mir zur Antwort. „Sie trifft sich nämlich, so viel mir bekannt ist, morgen Nachmittag mit der Fini bei uns zu Hause. Brauchens was von ihr, soll ich ihr etwas ausrichten?"

„Ja bitte, das wäre sehr freundlich! Nina soll mich anrufen, sie hat eh meine Telefonnummer."

Nach diesem aufschlussreichen Gespräch riefen wir den Ober zu uns. „So, Herr Ober, jetzt wollen wir eine Kleinigkeit essen, bitte!"

„Ich bringe Ihnen sofort die Karte, meine Herren", antwortete er.

„Ich weiß eh schon, was ich ess", verkündete ich.

„Na, was ist es denn?", fragte mich Herr Bruckmüller.

„Ein Würstel mit Saft, auf des habe ich heut einen *Gusto*, und ein Seidl Bier."

„Gute Idee, das bestell ich auch, mit einer guten Semmel dazu."

Nach dem Essen begleitete ich Herrn Bruckmüller ein Stück in Richtung Spittelau, es lag auf meinem Weg zu mir nach Hause.

„Heute schauen wir einmal, was es im Fernsehen gibt", nahm ich mir vor. „Jetzt muss ich doch einen Blick in die Zeitung werfen, aber nur wegen dem Fernsehprogramm."

Also blätterte ich die Zeitung durch und führte dabei Selbstgespräche: „Im ersten Programm ist ein Report, das ist nix für mich, im zweiten ein Krimi, brauch ich auch nicht. Da schau her, im dritten Programm, da gibt es einen Film von Franz Antel, „Hallo Dienstmann". Mein Gott, mit Annie Rosar, Paul Hörbiger, Susi Nicoletti, Maria Andergast,

Waltraut Haas, dem Rudi Carl und mit mir natürlich auch, des gibt es ja net! Drehort, wenn ich mich richtig erinnere, war damals das Atelier Wien-Schönbrunn.

Da freue ich mich richtig drauf, um 19 Uhr muss ich pünktlich den Fernseher einschalten, da fängt der Film an.

Erst raste ich aber noch ein bisserl, ist eh schon nach fünf, das weite Gehen hat mich richtig müde gemacht!"

Ich musste eingeschlafen sein, denn es war schon finster, als ich aufwachte. Schnell schaltete ich den Fernseher ein, an das Programm im Dritten erinnerte ich mich.

„Willkommen bei unserem heutigen Abendprogramm, meine sehr verehrten Damen und Herren, wir bringen heute die Dokumentation „Familienleben mit Autismus", war das Erste, was ich hörte.",„Fix noch einmal, ist denn das der richtige Kanal?", fragte ich mich verwundert. „Ja, der Dreier, wann fangt denn der Film „Hallo Dienstmann" an? Um 19 Uhr, stand in der Zeitung, und wie spät haben wir's jetzt?

Was? 21 Uhr, des gibt's ja net, habe ich glatt den Film verschlafen, mein Gott, schade. Aber ich weiß ja eh noch alles, hab ja selbst mitgespielt, trotzdem, ärgern tut's mich schon, so ein Blödsinn! Hätte ich doch nur den Wecker gestellt!

Wieso bin ich denn aufgewacht, hätte ja gleich durchschlafen können bis in der Früh. Dafür kann ich jetzt wieder net einschlafen!", grantelte ich.

Da fiel mir plötzlich ein: Wie sollte ich denn Nina das schmackhaft machen, mit dem Vorsprechen im Deutschen Theater München? Würde sie diese Chance wohl erkennen und zu schätzen wissen?" All diese Gedanken schwirrten in meinem Kopf herum, irgendwann musste ich dennoch eingeschlafen sein.

Am nächsten Morgen klingelte schon um acht Uhr das Telefon, ich war noch im Bett.

„Hallo, hier ist der Wiggerl, guten Morgen!", klang es aufmunternd. „Hans, bist du es?"

„Ja", antwortete ich, „guten Morgen Wiggerl, schön, dass du mich anrufst."

„Hoffentlich habe ich dich nicht geweckt?"

„Nein, nein! Ich bin eh schon lange auf", schmetterte ich.

„Hans, pass auf!" so Wiggerl. „Es dauert zu lange, um dir das alles am Telefon zu erzählen. Aber es geht um deine Nina, ich denke, es ist hochinteressant für euch.

Wenn du Zeit hast, gehen wir zusammen auf einen Kaffeeplausch. In welchem Bezirk wohnst du denn?"

„Im 19.", antwortete ich.

„Das trifft sich gut. Meine Firma ist am Michaela Platz im 1. Bezirk. Was hältst du davon, wenn wir uns im Café Landtmann treffen?"

„Großartig, beim Landtmann, mein Gott, da war ich grad gestern. Aber macht nichts, wann denn, um welche Uhrzeit?", fragte ich.

„Heute Nachmittag um 16 Uhr, wenn es dir recht ist, Hans!", schlug Wiggerl vor.

„Ja, das ist ein guter Zeitpunkt, ich freue mich und bin schon sehr gespannt!"

„Also, bis später!"

Jetzt brauchte ich mich wenigstens nicht so tummeln.

Das traf sich gut und am Sonntag würde ich versuchen, Nina erreichen.

Pünktlich um 16 Uhr war ich im Café Landtmann, gleichzeitig kam auch der Wiggerl zur Tür rein und wir machten uns auf Platzsuche.

„Da, schau, da ist ein Tisch frei!", wir eilten hin, aber es war leider ein Reserviert-Schild drauf, schade.

„Aber schau, da hinten, da ist noch was frei!"

Wiggerl deutete zu dem Tisch in der Ecke hin.

„Tatsächlich!", bestätigte ich, bevor wir dort Platz nahmen.

Beim Ober bestellte ich die übliche Melange für mich, Wiggerl nahm einen Großen Braunen und bestellte für uns noch zwei Butterkipferln dazu.

„Schön, Hans, dich wiederzutreffen!"

„Ganz meinerseits!"

„Kommen wir gleich zur Sache." Wiggerl begann zu erzählen: „Schon seit einigen Jahre arbeite ich mit einem lieben Geschäftsfreund namens Roger Goldmann, einem gebürtigen

Amerikaner aus New York, zusammen. Dort leben auch seine wohlhabenden Eltern David und Hannah Goldmann, sie sind Juden. Die Goldman Bros. Entertainment besitzt in New York das Varieté Hopkins am Broadway und im Stadtbezirk Manhattan das Goldmann Paradise Theatre im Stadtbezirk Bronx. Das Unternehmen gehörte ursprünglich Rogers Vater David und dessen Bruder Chayim, Rogers Onkel.

Er, seine Frau Keren und Tochter Judith waren im Juli 1956 mit dem Luxus-Liner „Andrea Doria" von Genua nach New York unterwegs. Die „Andrea Doria" kollidierte 300 Meilen vor New York mit einem schwedischen Kombischiff und sank. Alle drei überlebten das Unglück nicht. Seit diesem Zeitpunkt besaßen Rogers Eltern das Unternehmen. Rogers Vater verkraftete den Tod seines Bruders aber nicht. Er war überfordert, launisch und ständig aggressiv. Das war der Grund, warum Roger seine Heimat verließ.

Roger ist als Zwanzigjähriger im Jahr 1998 gemeinsam mit seiner damaligen Verlobten, ihr Künstlername ist *Emily Lindau*, nach Hamburg ausgewandert. Emily ist gebürtige Deutsche und hat als Showgirl im Varieté Hopkins gearbeitet.

Roger und Emily haben inzwischen in Deutschland geheiratet und leiten gemeinsam ein großes Filmstudio namens

Goldmann-Universal-Studios. Beide sind Filmproduzenten und Regisseure.

Aber jetzt kommt's: Ich hab's dir eh schon im Heurigen kurz angekündigt, die beiden drehen tatsächlich heuer noch in Hamburg eine Kriminalkomödien-Serie mit dem Titel „Kavaliersdelikt", eine Serie mit zehn Folgen, du kannst dich noch erinnern?"

„Natürlich erinnere ich mich, den Titel „Kavaliersdelikt", den habe ich mir sofort gemerkt!", ließ ich ihn wissen.

„Roger hat mich am vergangenen Freitag abends angerufen", fuhr Wiggerl fort, „und hat mich gefragt, ob ich mich schon umgehört habe nach einer jungen, flotten Schauspielerin mit markantem Gesicht und schlanker Figur. Die weibliche Hauptrolle ist nämlich zu besetzen und sie finden kein geeignetes Mädchen mit Schauspieltalent. Was sagst du dazu?"

„Was soll ich sagen, meinst du gar, des wäre was für Nina?", fragte ich, nahezu sprachlos.

„Na, was glaubst du denn, lieber Hans, warum ich mich mit dir hier treff? Das ist *die* Jahrhundertchance für Nina! Nach deinen Worten ist sie wahrscheinlich genau die Richtige für diese Rolle", fügte Wiggerl noch hinzu und fuhr mit seinen interessanten Ausführungen fort:

„Jetzt hör mir bitte gut zu, lieber Hans, ich mach dir einen Vorschlag: Du sprichst mit Nina darüber, und wenn sie Interesse hat, was anderes will ich mir gar nicht vorstellen, dann ruf mich an und wir setzen uns zu dritt zusammen und ich mache mit Nina einen Künstler-Vermittlungs-Vorvertrag."

„Ja, einverstanden, Wiggerl, danke! Was soll ich dazu noch sagen, ich bin ganz baff!", bestätigte ich.

„Alles klar, passt schon".

„Da kommt der Profi zum Vorschein", dachte ich mir, „aber in dem Geschäft muss man Profi sein, das kenn ich zur Genüge aus meiner eigenen Schauspielzeit.

Und bei Künstler-Verträgen, da bin ich mittlerweile aus eigener Erfahrung ein *alter Fuchs*. Da zieht mich so leicht keiner über den Tisch.

Hoffentlich hat Nina auch Vertrauen zu mir, und was wird mit dem Toni sein, was wird der dazu sagen?"

„Noch was", ergänzte Wiggerl: „Habt ihr schon mit Friedrich einen Termin in München ausgemacht wegen dem Vorsprechen? Solltet ihr unbedingt wahrnehmen, das ist nämlich ein weiterer Pluspunkt für das Gespräch mit Roger."

„Morgen ruf ich die Nina an und werde mit ihr alles besprechen, sofern ich sie erreiche", gab ich zur Antwort.

Am Sonntag war ich den ganzen Tag bei herrlichem Sonnenschein in Schönbrunn, bin auch zur Gloriette hinaufspaziert und am Nachmittag wieder die Maxingstraße runter ins Café Dommayer in Hietzing gegangen. Heute gab es bei mir zu Hause ein ausgiebiges Frühstück, dafür kein Mittagessen, jetzt aber freute ich mich auf einen guten Kaffee und eine Mehlspeise.

Am späteren Nachmittag rief ich von zu Hause Nina an, sie hob aber leider nicht ab.

Knapp eine halbe Stunde später klingelte mein *Handy*. Es war Nina. „Hallo Hansi-Opa, Verzeihung, hallo Herr Julier, ich hoffe, dass ich Sie nicht in Ihrer Sonntagsruhe störe?"

„Ganz im Gegenteil, ich freue mich, dass Sie mich anrufen, Sie können gerne auch „Hansi-Opa" zu mir sagen, wenn ich „Nina" zu dir sagen darf, dann sind wir beide auch per Du!"

„Gerne!", antwortete Nina. Sie machte am Telefon einen überaus fröhlichen Eindruck auf mich.

„Nina, wir sollten uns unbedingt rasch treffen, es hat sich was ergeben, dass hochinteressant für dich ist!"

„*Okay*, wie wäre es heute um 18 Uhr? Ich bin von einem lieben Freund, dem Max, zu seiner kleinen Promotionsfeier eingeladen. Wir sind zusammen ins Gymnasium gegangen und er hat vor Kurzem sein Medizinstudium abgeschlossen und jetzt ist er promovierter Arzt."

„Wir treffen uns in einer kleinen Runde, fünf bis sechs Personen im Danieli, das ist ein italienisches Restaurant in der Himmelpfortgasse 3, einer Seitenstraße der Kärntner Straße, genau gegenüber vom Bundesministerium für Finanzen.

Magst du mich begleiten, als mein Hansi-Opa?", fragte sie mich.

Ich war perplex und fragte sie: „Was ist denn mit Toni, kommt er nicht mit dir mit?"

„Nein, Toni ist vorige Woche überraschend zu seinem Vater gereist, nach Kalabrien, er hat mir nicht gesagt, warum, und wann er wieder zurückkommt. Es muss aber etwas ganz Wichtiges sein, denn er war wie ausgewechselt, wirkte nervös und gestresst."

„Wenn das so ist, liebe Nina, dann nehm ich deine Einladung gerne an. Wann hat man schon als alter Mann die Gelegenheit, so eine hübsche junge Dame auf einer Feier zu begleiten!"

„Also, bis später, um 18 Uhr vor dem Restaurant, ich werde pünktlich sein."

„Jetzt aber heißt es, sich beeilen, ein wenig schön machen muss ich mich schon. Meinen feschen Anzug zieh ich heute auch an und das Mascherl, die gepunktete Fliege, dazu.

Und die Schuh, wo sind denn die Schuh, ah, da sind sie eh. Die muss ich auch noch schnell auf Glanz polieren.

Der schwarze Mantel, wo ist der Hut, wahrscheinlich im Kasten. Ah ja, der Schal hängt auch da, den nehm ich auch.

Fast ins Schwitzen bin ich gekommen, vor lauter schnell, schnell. So, fertig, jetzt schauen wir uns im Spiegel an. Fesch, fesch schau'n wir aus, Herr Julier, gratuliere, da brauchen wir uns nicht zu schämen!", lobte ich mich selbst vor dem Spiegel.

„Auf geht's zum Taxistand, heute fahr ich nicht mit der Tramway."

Das Taxi brachte mich bis vor die Tür des Restaurants.

„Rechts müssen S' reingehen, net links ins Finanzamt", scherzte der Taxifahrer, „da sind sich bestimmt schon einige vergangen, ungewollt vergangen." Er lachte laut auf.

Um kurz vor sechs Uhr kam Nina mit einem Lächeln auf mich zu. Sie umarmte mich, drückte mir a Busserl auf die Wange mit den Worten: „Schön, dass du gekommen bist, lieber Hansi-Opa, und danke, dass auch ich dich nun Hansi-Opa nennen darf!"

„Ich freue mich auch so sehr, liebe Nina, und eine Überraschung habe ich für dich auch, eine positive natürlich, deine angehende Schauspielerei betreffend. Aber das können wir ja später, wenn's passt, alles drinnen besprechen."

„Lass uns hineingehen", sagte Nina.

„Da ist der Tisch, sind eh schon alle da."

Mit „Hey" begrüßte Nina die Gesellschaft, es waren vier Personen.

„Wenn ihr gestattet, ein sehr netter und lieber Bekannter hat mich begleitet!", stellte sie mich vor.

„Ich traue meinen Augen nicht, wen haben wir denn da? Den Hansi- Opa!", riefen Sissi und Angelika. Sabine stand sofort auf und umarmte mich mit den Worten: „Schön, dass du hier bist, so klein ist die Welt, und wie du bei unserem ersten Treffen gemeint hast, sieht man sich immer zweimal im Leben!"

Nina blieb sichtlich erstaunt beinahe die Luft weg. „Woher kennt ihr euch denn?",wunderte sie sich.

„Erzähl ich euch später", meinte Sabine, „Nina, das sind noch meine lieben Freundinnen Rosi und Angelika, der Hansi-Opa kennt sie alle schon! Und das ist mein großer, lieber und gescheiter Bruder", so Sabine, „Herr Doktor med. univ. Max Bogner, unser heutiger Gastgeber und Jubilar."

„Kompliment, gratuliere, Herr Doktor!", beglückwünschte ich ihn. „Max, bitte sagen Sie Max zu mir", erwiderte er. „Hallo liebe Nina!" Er umarmte sie, küsste sie auch auf die Wange. Schön, dass ihr beide gekommen seid. Nehmt bitte Platz!"

„Also, um euch aufzuklären", sprach Sabine ihren Bruder Max und Nina an, „Hansi-Opa und wir drei Mädels haben uns zufällig beim Heurigen Schübel-Auer kennengelernt, wo ich meinen Geburtstag feierte. Da wieder einmal kein Platz frei war und wir nicht reserviert hatten, hat uns der Ober zum Hansi-Opa gesetzt. Alles andere könnt ihr später erfahren, jetzt aber ist Max an der Reihe."

Max schilderte uns kurz seinen Werdegang, erzählte von seinem Studium, erwähnte auch, dass Nina zuerst Medizin studieren wollte, aber sich letztendlich für das Studium der großen Kunst des Schauspiels entschied und es noch dazu mit bravourösem Erfolg abschloss. „Gratuliere dir, Nina!"

„Aber was ist mit deinem Freund Toni, ich dachte, er kommt mit?", fragte Max abschließend.

„Toni", gab Nina zur Antwort, „musste schon vor einer Woche zu seinem Vater nach Kalabrien reisen. Wie lange er dort bleibt, weiß ich nicht, hat er mir nicht gesagt. Bis heute kam auch keine Nachricht von ihm, hoffentlich ist ihm nichts geschehen."

„Aber dafür hast du ja den Hansi-Opa mitgebracht, wie schön", freute sich Sabine. Ich wusste ja, dass Sabine den Toni nicht ausstehen konnte.

Wir stießen mit italienischem Weißwein, einem Lugano di Sirmione, er war vorzüglich, aber stark mit 13 % Alkohol, auf Max an.

Auch das Essen war köstlich, vom Feinsten. Die drei Mädchen wählten Pizzen, Max und Nina aßen eine *Sogliola* (gebratene Seezunge). Ich entschied mich für *Gamberetti Piri Piri* (Garnelen in Knoblauchsauce). Köstlich, aber ein wenig scharf, mit frischem Knoblauchbaguette.

Während des Essens und auch danach konnte ich beobachten, wie Max im Gespräch Nina anhimmelte. Sie genoss und erwiderte es mit Komplimenten an Max.

Ich unterhielt mich mit Sabine, Rosi und Angelika und erzählte den Damen, wie ich Nina kennengelernt hatte.

„Du bist ein kleiner Schlawiner, Hansi-Opa", sagte Angelika, „du hast ja Nina schon gekannt, bevor wir dir im Heurigen von ihr und Max erzählt haben und nichts dazu gesagt."

„Das stimmt nicht ganz", erwiderte ich. „Von Nina hatte ich bereits gehört, ja. Fini Bruckmüller, Ninas Freundin, hatte mir von ihr erzählt, gesehen und kennengelernt habe ich Nina aber erst später bei einer Einladung der Bruckmüllers."

In dieser netten Gesellschaft ergab sich jedoch die Situation nicht, mich mit Nina ungestört unterhalten zu können.

So gegen zehn Uhr verließen wir alle das Lokal und verabschiedeten uns.

Max, seine Schwester und die beiden Damen Rosi und Angelika gingen Richtung Steffel, Nina und ich in die entgegengesetzte Richtung zur Staatsoper.

„Hansi-Opa, was wolltest du mir denn Wichtiges berichten?“, fragte mich Nina, „im Lokal war leider keine Gelegenheit dazu.“

„Wenn du noch Zeit hast, machen wir einen kurzen Abstecher ins Sacher, da können wir ungestört plaudern“, schlug ich vor.

Im Café Sacher waren einige Tische frei. Wir wählten einen Platz, wo dem wir uns ungestört unterhalten konnten, und bestellten zwei Cappuccini.

„Hör gut zu, Nina! Beim Heurigen vergangene Woche saß ich gemeinsam an einem Tisch mit einer hochkarätigen Gesellschaft, einem *Artdirector* vom Theater in der Josefstadt, einem Künstler-Vermittlungs- und Vermarktungsagenten aus Wien, dem Regisseur vom Deutschen Theater München und einem Filmproduzenten aus Berlin.

Sie haben mich für den Hans Moser gehalten und sich darüber lustig gemacht. Aber sie meinten es auch ernst und haben mir sogar eine Rolle als Hans Moser in einem Revival, einen Film aus der Vergangenheit, mit mir in der Hauptrolle angeboten. Aber dann habe ich das Thema gewechselt und wir sind auf dich zu sprechen gekommen. Ich habe von deinem Werdegang erzählt, und dass du jetzt nach erfolgreichem Abschluss beim Max Reinhardt Seminar mit der Schauspielkariere starten möchtest.

Da haben sie die Ohren gespitzt, mich gefragt, wie du aussiehst, wie groß du bist. Ich habe ihnen ein Foto von dir, das mir die Fini gegeben hatte, gezeigt.

Da waren sie ganz angetan, Komplimente sind am laufenden Band gekommen, von allen.

Wir waren schon per Du, da hat der Friederich, der Regisseur aus München, angeboten, dass ich mit dir zu einer Sprechprobe für zwei Tage nach München kommen sollte. Das Hotel wird reserviert und von ihnen bezahlt, nur anreisen müssten wir selbst.“

„Was hast du darauf geantwortet?“, fragte mich Nina gespannt.

„Na, dass ich zuerst natürlich dich fragen muss, meine Liebe.“

„Das machen wir, Hansi-Opa, das ist die Chance meines Lebens, da fahren wir mit dem Auto hin!“, freute sie sich.

„Aber ich habe ja kein Auto“, hielt ich fest.

„Dann werde eben *ich* dich mit meinem Auto chauffieren, einem schicken BMW X5, das ist ein *SUV*. Es war Mamas Auto. Meine Eltern sind bei einem Unfall in Frankreich mit Papas Wagen auf einer Geschäftsreise tödlich verunglückt.“

„Das tut mir sehr leid, liebe Nina“, antwortete ich betroffen.

„Aber was ist ein *SUV*?“, fragte ich nach kurzem Schweigen.

„Ein *SUV*, ein *Sport Utility Vehicle*, ist eine Geländelimousine oder ein flotter Stadtgeländewagen mit Allradantrieb“, klärte Nina mich auf.

„Was es nicht alles gibt“, staunte ich.

„Das ist aber noch net alles, Nina“, fuhr ich dann mit meinem Bericht fort. „Der Wiggerl, Ludwig Hirnschall, der auch am Tisch saß, der mit der Künstler-Agentur, hat mich auch angerufen. Mit ihm habe ich mich gestern am späten Nachmittag auf einen Kaffee getroffen. Er hat mir von seinem langjährigen Freund Roger aus Hamburg erzählt, der mit seiner Frau gemeinsam eine Filmproduktion betreibt. Seine Eltern sind Amerikaner, jüdischer Abstammung, sehr wohlhabend, besitzen ein Varieté und ein Theater in New York. Rogers Frau ist Deutsche und hat im Varieté seiner Eltern als Showgirl gearbeitet, bevor sie mit ihm nach Hamburg ausgewandert ist.

Die beiden beabsichtigen, heuer noch eine Kriminalkomödien-Serie mit zehn Folgen zu drehen. Der Titel der Serie heißt „Kavaliersdelikt“. Für die Besetzung der weiblichen Hauptrolle suchen sie eine junge und talentierte Schauspielerin. Da hat er sofort an dich gedacht.

Ich habe Roger telefonisch gleich mitgeteilt, dass ich der Meinung bin, die Richtige für so eine Rolle zu kennen.

Wiggerl hat mir daraufhin folgenden Vorschlag gemacht, ich zitiere: ‚Hans, nimm dieses Vorsprechen mit Nina beim Friedrich in München wahr. Das ist eine großartige Referenz für Nina, sofern er sie weiterempfiehlt, woran kein Zweifel besteht nach deinen Aussagen. Anschließend, wenn ihr wieder daheim seid, ruf mich bitte an!

Dann setze ich mich mit Roger wieder in Verbindung und mache mit ihm einen Vorstellungstermin in Hamburg aus. Da fliegen wir dann gemeinsam hin.

Vorher kommt ihr beide noch zu mir ins Büro, da mach ich einen Vermittlungsvertrag mit Nina!‘, so die Worte von Wiggerl“, erzählte ich begeistert.

„Keine Angst, Nina, bei Künstler-Verträgen bin ich mittlerweile aus eigener Erfahrung ein *alter Fuchs*. Da zieht mich so leicht keiner über den Tisch!“, hielt ich fest.

„Was heißt *aus eigener Erfahrung*, Hansi-Opa?“

„Ich mein, in meiner Stellung als Buchhalter beim Stastny, da bekommt man ja so einiges mit. Der Vater von Herrn Stastny, also der Seniorchef, war eng befreundet mit Max Reinhardt und hat naturgemäß viel seinem Sohn überliefert, was folglich auch mir zu Ohren kam.“

„Ach so, alles klar, ich vertrau dir, Hansi-Opa“, klang Nina erleichtert.

Es war bereits ein Uhr morgens, das Lokal nahezu leer, die Ober standen herum, ich bezahlte und wir verließen das bekannte Café Sacher.

Draußen verabschiedeten wir uns, stiegen getrennt ins Taxi und fuhren nach Hause.

Gleich am nächsten Morgen rief ich bei Friedrich, dem Regisseur aus München, an und fragte, wann denn ein Vorsprechtermin mit Nina vor Ort möglich wäre.

Friedrich war am Telefon kurz angebunden, blickte in seinen Terminkalender. „Donnerstag oder Freitag dieser Woche um 14 Uhr, welcher Termin ist dir denn recht, da könnt ihr gemütlich anreisen.“

„Dann nehmen wir bitte den Freitag um 14 Uhr, wenn’s recht ist!“, antwortete ich.

„Freu mich, also bis Freitag, servus!“ und weg war er.

Tags darauf rief ich Nina an, um ihr freudig den Termin bekannt zu geben.

Sie hob schnell ab: „Hallo Hansi-Opa, was gibt es denn?“

Ihre Stimme klang ungewohnt, irgendwie betroffen.

Beunruhigt fragte ich nach: „Geht es dir gut?“

Sie antwortete nur: „Ja danke!“

„Nina, wir haben den Termin für das Vorsprechen in München, am kommenden Freitag um 14 Uhr“, verkündete ich erfreut.

„Den kann ich leider nicht wahrnehmen“, lehnte sie ab, „es ist mir persönlich etwas dazwischengekommen, sorry, aber darüber möchte ich jetzt nicht sprechen.“

„Ist was geschehen?“, fragte ich sie besorgt:

„Erzähle ich dir ein andermal, ich muss jetzt auflegen, tschüss.“

Am selben Abend rief mich Herr Bruckmüller an. „Hallo Herr Bruckmüller, Sie noch so spät, was gibt es denn?“, fragte ich.

„Herr Julier, die Fini hat sich mir anvertraut. Gestern hat Nina unsere Fini weinend angerufen und ihr mitgeteilt, dass sich Toni aus Italien bei ihr telefonisch gemeldet hat. Nina hat ihm von dem geplanten Vorstellungsgespräch in München berichtet.

Daraufhin hat er sie vor Ihnen gewarnt. Anhand einer durchgeführten Recherche habe er herausbekommen, dass Sie ein Betrüger seien und darauf aus sind, junge Schauspieltalente abzuzocken.“

„Also, das ist ja unerhört, ich darf mich gar net so aufregen, dieser Kerl!“, erwiderte ich aufgebracht.

„Herr Julier, keiner von uns glaubt, was dieser Mann über Sie sagt, aber Nina ist verunsichert.

Kommen S’ doch bitte gleich am Mittwochnachmittag zu uns nach Hause. Nina wird um 17 Uhr kommen und Sie bitte um 17.30 Uhr, denn zum Schluss geht sie vielleicht wieder, wenn sie Ihnen begegnet.

An diesem Abend werde ich Nina reinen Wein einschenken über ihren Toni und Fakten auf den Tisch legen. Das wird ihr die Augen öffnen. Das bin ich unserer Nina schuldig und auch Ihnen, denn Sie sind mir sehr sympathisch und meine Familie möchte Ihre Bekanntschaft keinesfalls missen, wegen so einem Zottel!"

Es war Mittwoch Nachmittag. Während der Straßenbahnfahrt zum Spittelberg war mir richtig flau im Magen. „Wenn das nur gut geht, hoffentlich klärt sich alles zum Wohlwollen aller auf", wünschte ich mir mit gefalteten Händen.

Um kurz vor sechs stand ich vor der Tür der Bruckmüllers und läutete an.

Frau Bruckmüller öffnete mit den Worten: „Herzlich willkommen, Herr Julier, treten Sie ein, es sitzen schon alle am Tisch!"

„Guten Abend, danke für die Einladung. Diesmal, im Unterschied zu meinem letzten Besuch hier bei Ihnen, ist der Grund leider weniger erfreulich!", begrüßte ich die Anwesenden.

„Bitte nehmen Sie Platz, Herr Julier", bat mich Herr Bruckmüller, „um das alles aufzuklären, sitzen wir ja heute hier zusammen."

Als alle bereit waren, ergriff Herr Bruckmüller abermals das Wort:

„Wenn ihr es mir gestattet, darf ich beginnen! Liebe Nina, danke, dass du dich unserer Fini anvertraut hast, nur so können wir diese unerhörte Anschuldigung deines Freundes Toni an Herrn Julier ins rechte Licht rücken.

Toni wurde von seinem Vater Antonio Ricco, man nennt ihn in der *mafiosen Organisation,* um es höflich auszudrücken, „Don Antonio – der Pate", angestellt. Beide betreiben ein international florierendes Geschäft mit illegalem Zigarettenschmuggel und Drogenhandel.

Von der Staatsanwaltschaft Wien werden seit einigen Wochen die Telefongespräche zwischen Toni und seinem Vater abgehört und aufgezeichnet. Daraus geht hervor, dass Toni der Verteiler der aus Italien eingeführten Waren ist. Die Schmuggelzigaretten werden in Wien umgeladen und weiter nach Deutschland und in die Oststaaten transportiert.

Es wurde bereits ein Haftbefehl gegen Toni ausgestellt. Betritt er österreichischen Boden wird er auf der Stelle verhaftet. Vermutlich wird auch dein Telefon abgehört, Nina. Also, bitte keine Gespräche mehr mit ihm.

Alles Weitere in diesem Zusammenhang mit dem Schmuggel ist bereits bis ins Detail von unserer Polizei, dem Zoll und dem Grenzschutz organisiert. Es dauert nicht mehr lange und das Verbrechernetz wird ausgehoben.

Die Guardia di Finanza, das ist die italienische Finanzpolizei, die Polizia Stradale, die Verkehrspolizei und die Carabinieri, die Gendarmerie, arbeiten sehr kooperativ mit unseren Spezialisten zusammen und überwachen auch Antonio Riccos Unternehmen in Kalabrien. Seine Telefone sind bereits seit Wochen angezapft.

Bei einer Verurteilung erwartet Toni eine langjährige Haftstrafe in Österreich. Toni ist nämlich gebürtiger Österreicher.

Das ist alles bedauerlich, vor allem für dich, liebe Nina! Aber die Aufklärung sind wir auch Herrn Julier, einem Ehrenmann und Freund unserer Familie, schuldig. So etwas darf man nicht auf sich sitzen lassen, wo kommen wir denn da hin?“

„Entschuldige bitte mein Verhalten dir gegenüber, lieber Hansi-Opa, ich schäme mich ja so!“, dabei umarmte mich Nina, die Tränen kullerten ihr nur so herunter.

Auch ich, Fini und ihre Mama bekamen feuchte Augen.

„So kann es einem ergehen, aber Gott sei Dank haben Sie alles aufklären können, dafür bedanke ich mich bei Ihnen sehr, Herr Bruckmüller!“, sprach ich Worte der Erleichterung.

„Dir, liebe Nina, möchte ich sagen, du kannst mir zu hundert Prozent vertrauen, ich habe ja sonst niemanden außer dich, um den ich mich kümmern darf. Du bist wie ein Enkelkind für mich und mir mittlerweile ans Herz gewachsen.“

„Hansi-Opa, am Freitag fahren wir gemeinsam nach München zu meinem Vorstellungsgespräch, ich freue mich schon darauf und komme dich um acht Uhr bei dir zu Hause abholen, deine Adresse habe ich von Fini.“

Nach viereinhalbstündiger Fahrt in diesem sportlichen Wagen kamen wir am Freitag um kurz nach zwölf Uhr in München an und fuhren gleich ins Hotel Four Points by Sheraton Munich, wo Zimmer für uns reserviert waren.

Von dort sollten wir abgeholt und ins Theater gebracht werden. Es funktionierte tatsächlich alles planmäßig, wir wurden vom Chauffeur abgeholt und ins Theater gebracht.

Um Punkt 14 Uhr kam Herr Friedrich Dollinger auf uns zu. „Guten Tag Hans, liebe Nina Hoff, wenn ich mich richtig erinnere. Mein Name ist Friedrich Dollinger, ich bin hier der Regisseur und freue mich, dass ihr beide meiner Einladung gefolgt seid!“

„Wir danken Ihnen für die Einladung!“, antwortete Nina.

„Na, dann legen wir gleich los, folgt mir bitte“, sprach Herr Dollinger und ging voraus.

Das Vorsprechen lief in gewohnter Manier ab, Nina kannte es ja von zahlreichen Übungs-Vorsprechterminen im Max Reinhardt Seminar während ihres Studiums.

Erster Teil des Vorsprechens:

Nina bekam einen mehrseitigen Drehbuch-Ausschnitt eines Theaterstückes zum Durchlesen und musste sich anschließend in der Rolle, die darin für sie von der Regie vorgegeben wurde, präsentieren.

Zweiter Teil des Vorsprechens:

Nina bekam einen mehrseitigen Drehbuch-Ausschnitt von einem Kriminalfilm und musste sich als Kommissarin präsentieren.

Dritter Teil des Vorsprechens:

Nina bekam einen mehrseitigen Drehbuch-Ausschnitt von einer Liebesromanze und musste sich in der Rolle als betrogene Ehefrau präsentieren.

Das ganze Vorsprechen dauerte bis 19 Uhr.

Zum Schluss kam Herr Dollinger auf uns zu mit den Worten: „Danke Frau Hoff, sehr professionell. Wir besprechen, wenn es recht ist, alles beim gemeinsamen Abendessen um 20.30 Uhr in Ihrem Hotel. Ein Tisch ist unter meinem Namen bereits reserviert. Unser Fahrer bringt Sie jetzt zurück ins Hotel.“

„Ich danke Ihnen, Herr Dollinger, freut mich, dass Sie mit mir zufrieden waren!“, entgegnete Nina strahlend.

Der Chauffeur brachte uns wieder zurück ins Hotel. Wir nutzten die knappe Zeit, um uns ein wenig frisch zu machen.

Zum Abendessen brachte Herr Dollinger seine Regieassistentin mit. Nina erzählte mir, dass sie auch beim Vorsprechen anwesend gewesen war. „Frau Ritz, so heißt die Dame“, sagte Nina, „war mir gegenüber schon beim Vorsprechen sehr freundlich gesonnen und hat mir sogar einige Male wohlwollend zugezwinkert.“

„Wir können uns, wenn Sie es möchten, hier am exzellenten Büffet bedienen. Herr Ober, bitte bringen Sie uns vorab zwei Flaschen Mineralwasser, ein stilles und ein prickelndes“, orderte Herr Dollinger, „zum Essen bestellen wir dann den passenden Wein.“

Mit den Worten: „Sehr wohl, der Herr“, nahm der Ober die Bestellung freundlich auf.

„Nun zu Ihnen, liebe Frau Hoff!“

„Sagen Sie beide bitte „Nina“ zu mir“, ersuchte Nina Herrn Dollinger und Frau Ritz.

„Danke!“, erwiderten beide. „Also, liebe Nina, das, was Sie uns heute vorgesprochen und dargeboten haben, war wirklich sehr gut. Ihre hoch professionelle Ausbildung im Max Reinhardt Seminar war nicht zu überhören und auch nicht zu übersehen.

Was mir persönlich besonders gut gefiel, war, wie Sie mit den unterschiedlichen Rollen umgegangen sind. Sie haben sich nicht nur emotional, sondern auch sinngemäß sofort in die jeweilige Rolle hineinversetzt, das war großartig. Meinen Sie nicht auch, Frau Ritz?“, fragte er seine Assistentin.

„Normalerweise bin ich sehr kritisch“, so Frau Ritz, „Sie kennen mich mittlerweile gut genug Herr Dollinger. Aber, Nina, wenn ich Sie nun so ansprechen darf, Sie waren auch für mich überzeugend, als hätten Sie in Ihrem Leben niemals etwas anderes gemacht. Bleiben Sie bitte dran, Sie haben eine ganz große schauspielerische Zukunft vor sich. Ihr selbstbewusstes Auftreten, die akustische Darbietung, Ihre Mimik, die Körpersprache, einfach beeindruckend.“

„Na bitte, die „Chefin“ hat gesprochen, da gibt es nichts mehr hinzuzufügen!“, schmunzelte Herr Dollinger.

„Jetzt, Herr Ober, bringen S’ uns eine gute Flasche Chardonnay, Jahrgang 2005, der soll ja in eurem Haus vorzüglich sein, rief ich.“

Wir stießen alle auf Nina an. Anschließend ergriff ich kurz das Wort und dankte Herrn Dollinger und auch Frau Ritz für dieses großartige Angebot, das Nina zuteilwurde. „Für einen Schauspieler“, so meine Worte, „gibt es am Beginn seiner Karriere nichts Wichtigeres und Schöneres, als ein derartiges Lob von absoluten Profis zu bekommen. Danke, tausend Dank. Ich freu mich so für dich, Nina!“

„Danke, lieber Hansi-Opa, danke!“

„So, wie beim Heurigen versprochen“, fuhr Friedrich fort, „werde ich morgen gleich David Dohle anrufen, du kannst dich ja noch an ihn erinnern, Hans, es ist der Filmproduzent aus Berlin. Er wollte unbedingt und sofort von mir wissen, wie das Vorsprechen mit Nina gelaufen ist. David Dohle ist eine hervorragende Adresse mit besonders gutem Ruf. Der hat im Filmgeschäft was drauf, macht super Filme. Wenn er dich engagiert, liebe Nina, dann hast du 50 Prozent deines Weges bereits geschafft. David hat schon viele Schauspieler zu internationalen Top-Stars gemacht, männliche und weibliche.

Abschließend, liebe Nina, bevor wir gleich das Büffet stürmen, möchte ich noch sagen, dass wir, Frau Ritz und meine Wenigkeit, Ihnen kommende Woche schriftlich einen Vertrag für ein vorerst zweimonatiges Engagement in unserm Theater unterbreiten werden.

Sind Sie damit einverstanden, ist kommende Woche bereits Ihr Arbeitsbeginn bei uns.“

„Ich bin sprachlos und überglücklich!“, erwiderte Nina. „Diese Ehre, danke vielmals. Jetzt kann ich vor lauter Aufregung gar nichts essen!“

„Na, dann stoßen wir eben zuerst auf unsere Nina an!“, prostete Herr Dollinger uns allen zu.

„Hansi-Opa, was sagst denn du dazu?“, fragte Nina mich.

„Ja, ich bin genauso überwältigt wie du! Man muss halt, wie immer im Leben, die richtigen Leute kennen, zur rechten Zeit am richtigen Ort sein und a bisserl ein Glück gehört halt auch dazu!“, antwortete ich ihr.

„Das ist jetzt erst einmal der Beginn, liebe Nina, und den hast du geschafft. Merk dir, das Schwierigste für einen angehenden Schauspieler ist es, das erste Engagement zu bekommen, und das hast du jetzt in der Tasche, nächste Woche halt. Gratulation, liebe Nina!“

Am Montag in der darauffolgenden Woche rief mich Wiggerl an, um alles über den Vorsprechtermin zu erfahren. „Na und, sag schon“, forderte er mich auf. „Wie war's?“

„Nina hat sich grandios präsentiert und, du wirst es nicht glauben, Wiggerl, sie hat auch ihr erstes Engagement bekommen, vorerst einmal für zwei Monate im Deutschen Theater beim Friedrich in München. Heute ist der Vertrag gekommen“, erzählte ich ihm.

„Deinen Vertrag mit Nina habe ich kurz durchgelesen, da ist nichts zu beanstanden, aber am Nachmittag schau ich ihn noch einmal gründlich an. Nina soll ihn gleich morgen unterschreiben. Zum Wochenende hin kann sie sich bereits auf den Weg nach München machen.“

„Hans“, sprach Wiggerl, „jetzt haben wir ein bisserl Luft, um unsere weitere Vorgangsweise zu planen. Du, weißt du was, ich melde mich bei dir wie besprochen, sobald ich was von Roger aus Hamburg gehört habe.“

„So machen wir es, Wiggerl, mach's gut!“, verabschiedete ich mich von ihm.

Nina unterschrieb wie geplant am nächsten Tag bei mir den Vertrag und brachte ihn gleich zur Post. Sie war überglücklich und traf bereits alle Vorbereitungen für die Abreise nach München.

Sie sagte zu mir: „Hansi-Opa, sei nicht traurig, am Donnerstag gehen wir noch gemeinsam essen, die Fini soll auch mitkommen, ich lade ein. Wann und wo erfährst du früh genug.

An den Wochenenden, wenn es möglich ist, will ich sowieso immer nach Wien kommen, da können wir uns jedes Mal treffen, wenn du magst.“

„Freilich, liebe Nina, aber fehlen wirst du mir schon. Zuerst konnte ich es gar nicht erwarten, dass du ein Engagement bekommst, aber jetzt, wo du es hast, bin ich schon ein bisserl traurig.“

„Hansi-Opa, nicht traurig sein, Bussi und bis Donnerstag!“

Am Mittwochvormittag meldete sich Herr Bruckmüller telefonisch bei mir. Es gäbe Interessantes zu berichten, meinte er, über den Toni und die drei LKWs, die schon kommende Woche Richtung Wien unterwegs sein sollten. „Würde vorschlagen, dass wir alles bei einem gemeinsamen Treffen besprechen“, so sein Plan.

„Ja, gerne, antwortete ich, wo gehen wir denn hin, was schlagen S' denn vor, Herr Bruckmüller?“

„Wenn S' Zeit haben, Herr Julier, komm ich Sie abholen und wir fahren zum Cobenzl hinauf.“

COBENZL - Wien im Jahre 1952

„Das ist eine gute Idee und wann?“, fragte ich.

„Donnerstag am Nachmittag“, war sein Vorschlag.

„Nein, da geht's net, da habe ich schon was vor, aber am Freitagnachmittag ginge es“, so mein Gegenvorschlag.

„Perfekt, also dann komm ich Sie, wenn's recht ist, um 16 Uhr abholen, Herr Julier.“

„Ja, danke“, gab ich zurück, „ich freu mich schon!“

Es war Donnerstagabend und bei Ninas kleiner Abschiedsfeier in einem gemütlichen Innenstadtlokal freuten sich alle mit ihr, insbesondere Fini. Beim Auseinandergehen flüsterte Fini mir noch ins Ohr: „Glaubst du, Hansi-Opa, dass auch ich das Glück haben werde, wie Nina einen lukrativen Job zu finden?“

„Na, freilich“, antwortete ich ihr. „Es wird sich schon was ergeben, jetzt bin ich ja in der richtigen Gesellschaft angekommen!“

„Danke, danke, lieber Hansi-Opa!“ Fini drückte mich dabei ganz fest und anschließend begaben wir uns nach Hause.

Die Fahrt am Freitagnachmittag hinauf zum Cobenzl ist für mich immer noch ein Erlebnis. „Die Gegend ist so wunderschön und so gepflegt ist alles!“, dachte ich mir während der Fahrt.

„Da haben sie auch einiges erneuert!“, sagte ich zu Herrn Bruckmüller. „Ja“, antwortete er, „vor allem im Kaffeehaus.“

Bei Kaffee und Strudel begann Herr Bruckmüller zu erzählen: „Sie werden es nicht für möglich halten: Toni wurde von seinem Vater aus dem Geschäft kurzfristig rausgenommen. Angeblich leitet die Geschäfte in Wien jetzt Antonio Riccos *Consigliere* – Berater zu Deutsch. Er ist vor zwei Tagen in Begleitung von zwei Männern nach Wien gekommen.“

„Und wo ist Toni?“, fragte ich.

„Der hat sich laut unserem italienischen Informanten nach Bratislava abgesetzt. Vermutlich wird auch die Route der LKWs nicht von Italien nach Österreich führen, sondern über Ungarn direkt in die Slowakei.

Das letzte abgehörte Telefongespräch zwischen Toni und seinem Vater haben uns die italienischen Behörden in italienscher Sprache übermittelt. Da, Sie können's lesen, darunter ist eh die deutsche Übersetzung.“

„Toni, per un breve periodo sarai tolto dai riflettori, andrai direttamente dall'Italia a Bratislava e resterai lì fino al ritorno della calma. Riceverai da noi tutte le istruzioni. Il mio consigliere Luca, insieme a Bruno e Claudio viaggeranno in auto fino a Vienna, dove riceveranno e distribuiranno la merce proveniente da Bratislava. Nell'hotel di Bratislava, alla reception è stato lasciato un pacco contenente un telefono cellulare con applicazioni di crittografia contro le intercettazioni.

D'ora in poi userai solo quello, mi hai capito? Il nome dell'hotel in cui è stata prenotata la camera è scritto sulla busta del tuo biglietto aereo.

Quando la situazione si sarà calmata e la merce sarà stata distribuita, Luca verrà a prenderti a Bratislava. Poi tornerete in Italia tutti e quattro insieme. Non una parola a tua madre, capito?“

Auf (Deutsch: „Toni, du wirst jetzt kurzfristig aus dem Rampenlicht genommen, dich von Italien direkt nach Bratislava absetzen und dort verbleiben, bis Ruhe eingekehrt ist. Du bekommst alle Anweisungen von uns. Mein *Consigliere* Luca, gemeinsam mit Bruno und Claudio, wird mit dem Auto nach Wien reisen, dort die Ware aus Bratislava kommend in Empfang nehmen und verteilen. Im Hotel in Bratislava ist an der Rezeption, ist ein Paket für dich hinterlegt, darin befindet sich ein nicht abhörbares Handy mit einer Verschlüsselung. Du telefonierst ab sofort nur mehr damit, hast du mich verstanden? Der Name des Hotels, wo ein Zimmer für dich reserviert ist, steht auf dem Umschlag deines Flugtickets.

Wenn alles erledigt ist und die Ware verteilt wurde, wirst du von Luca in Bratislava abgeholt. Ihr fahrt dann alle vier gemeinsam zurück nach Italien. Kein Wort zu deiner Mutter, verstanden?")

„Wir vermuten daher, dass die LKWs in Bratislava umgeladen werden, das heißt, die Schmuggelware kommt auf anderen Transportwegen nach Wien. Die Polizei in Bratislava ist bereits informiert", so Herr Bruckmüller ergänzend.

„Ja, und was ist mit den drei Italienern, die mit dem Auto nach Wien kommen?", fragte ich naiv.

„Gegen diese Herren liegt nichts vor in Österreich, da haben wir keine Handhabe!", antwortete Herr Bruckmüller.

„Hören S', Herr Bruckmüller, ein anderes Thema. Wollen S' net wissen, was sich mit Nina ergeben hat?", fragte ich ihn.

„Ja, was hat sich denn *ergeben*?"

Ich erzählte ihm dann alles über das Vorsprechen in Deutschland und auch, dass Nina bereits unterwegs nach München sei, denn sie bekam ja sofort ein zweimonatiges Engagement im Deutschen Theater München. Am darauffolgenden Montag war bereits ihr erster Arbeitstag.

„Ja, das ist sehr erfreulich, hoffentlich hat meine Fini auch so ein Glück bei ihrer Jobsuche", meinte Herr Bruckmüller.

„Freilich!", antwortete ich, „es wird schon werden, jetzt habe ich ja anscheinend die richtigen Kontakte."

Bei Anbruch der Dämmerung fuhren wir wieder zurück. Herr Bruckmüller setzte mich vor meinem Gartentor ab.

„Sehr nett war's, danke noch mal!" verabschiedete ich mich.

Also, die Woche war schon wieder fast vorbei, wie schnell die Zeit doch verging! Am Wochenende nahm ich mir vor, nichts zu tun, nur im Garten auszuspannen. Nina meldete sich am Sonntag telefonisch und teilte mir mit, dass sie in einer kleinen *Garconniere*, die dem Theater gehört und direkt daneben liegt, für die Zeit ihres Aufenthaltes wohnen könne.

Für den darauffolgenden Montag, so erzählte sie mir, müsse sie für das Theaterstück „Fräulein Julie", einem naturalistischen Trauerspiel von August Strindberg, die Rolle der Julie einstudieren.

„Na, des beginnt ja schon großartig, mit einem Trauerspiel!", scherzte ich. „Toi, toi, toi, du schaffst das schon, ich drück dir die Daumen."

„Noch etwas, Hansi-Opa! Stell dir vor, Max hat mich angerufen und mir zum Engagement gratuliert. Er möchte mich besuchen kommen, was sagst du dazu?"

„Nett von ihm! Max ist ja ein ganz freundlicher, junger Mann und tüchtig. Lass ihn von mir grüßen!"

„Also, ich glaub", dachte ich, „bei den beiden bahnt sich was an. Würden eh hervorragend zusammenpassen. Sie gescheit, er gescheit, beide fesch und noch dazu tüchtig. Des mit Toni ist ohnehin aus, der verbringt einen Teil seines zukünftigen Lebens sowieso hinter Gittern."

In der nächsten Woche nahm ich mir vor, etwas für die Fini zu tun. Sie tat mir leid, weil sie noch immer keine Arbeit als Maskenbildnerin hatte. Es ist halt nicht so leicht. Die Theater und Opernhäuser haben alle Maskenbildner angestellt und die meisten bleiben bis zur Pension, einige bis zum Sterben.

„Vielleicht weiß der Wiggerl was!", kam mir plötzlich in den Sinn. „Herrn Paul Mirkowitsch aus der Josefstadt, den könnt ich auch fragen, da müsste ich aber wieder hinfahren. Mein Gott, aber da empfängt mich wahrscheinlich wieder der Portier als Hans Moser und redet mir ein Loch in den Bauch. Aber vielleicht ist diesmal die Loge mit einem anderen Portier besetzt. Dabei darfst du nicht ungehalten sein, Herr Julier", sprach ich mit mir selbst. „Durch den Portier hast du nämlich die wertvollen Kontakte erhalten, sei dankbar dafür!"

Also betrat ich Mitte der nächsten Woche wieder das Theater in der Josefstadt.

Wie sich der ungewollte Zufall ergab, sah mich der Portier sofort, es war derselbe wie beim letzten Mal. Wieder rief er aus seiner Loge: „Was machen denn Sie schon wieder hier, Herr Moser, ist Ihnen langweilig?"

„Der Herr Moser möchte gerne den Herrn Mirkowitsch sprechen, den er über den netten Herrn Portier im Heurigen kennengelernt hat!", antwortete ich süffisant. „Melden S' mich bitte an!"

„Sehen S', da hat unser Gespräch ja doch was gebracht", grinste er. „Um was geht's denn? Das muss ich fragen!", so der Portier.

„Neugierig sind wir nicht, Herr Portier", erwiderte ich.

„Ist egal", dachte ich mir und begründete meinen Besuch: „Meine Enkelin, sie ist fertig ausgebildete Maskenbildnerin und sucht eine Anstellung!"

„Ach so, wir brauchen aber keine Maskenbildnerin", antwortete der Portier. „Ich weiß das nämlich", erzählte er weiter, „denn vorige Woche hat eine neue Maskenbildnerin bei uns begonnen, die vorher im Theater an dem Wien angestellt war. Sie hat sich angeblich mit ihrem Chef in die Haare gekriegt, daraufhin wurde ihr gekündigt."

Dann riet er mir: „Da würde ich jetzt an Ihrer Stelle hinschauen!"

„Wer sagt's denn, der Portier weiß einfach alles!", dachte ich.

„Da mach ich mich gleich auf den Weg. Danke vielmals, Herr Portier", verabschiedete ich mich.

„Gern geschehen, bis zum nächsten Mal", rief er mir nach.

Hinein in die Straßenbahn und ab in Richtung Theater an dem Wien. Schnellen Schrittes war ich unterwegs, um noch vor der Mittagszeit dort zu sein.

Im Theater angekommen, um Punkt zwölf Uhr, hat mich der Portier dort Gott sei Dank nicht mit Hans Moser begrüßt, sondern brüsk gefragt: „Guten Tag, Sie wünschen?"

„Ich bin hier wegen der freigewordenen Stelle der Maskenbildnerin. Meine Enkelin hat diesen Beruf erlernt und möchte sich hier bewerben. Sie hat bereits angerufen und sollte sich bei Herrn ...bei Herrn, mein Gott, jetzt habe ich in der Aufregung glatt den Namen vergessen!"

„Bei Herrn Direktor Reinhard Willingshofer melden, meinen Sie wahrscheinlich", kam spontan die hilfreiche Antwort.

„Ja, Willingshofer, genau so heißt er, den meine ich!"

„Herr Willingshofer ist um 14 Uhr wieder im Haus. Gehen S' inzwischen Mittagessen oder spazieren und kommen S' dann wieder", so der schroffe Portier.

„Gute Idee", dachte ich mir. „Gleich gegenüber ist eh der Naschmarkt. Da werde ich was essen, und wenn noch Zeit bleibt, mir die vielen Standln anschauen. Also, diese vielen internationalen Köstlichkeiten, die da angeboten werden, das gibt es nur hier auf dem Naschmarkt!"

Nach dem Mittagessen gönnte ich mir dann noch schnell einen türkischen Kaffee, aber nur weil der Kaffeehausbesitzer, der vor der Tür stand, mir zurief: „Wenn S' bei mir an Kaffee trinken, dann kommen S' jeden Tag wieder, weil so bekömmlich wie hier ist er in ganz Wien nicht!"

„Bescheiden ist der Herr grad nicht!", dachte ich mir, „na, probieren wir's halt aus."

Recht hatte er gehabt, der Kaffee war ausgezeichnet und grad richtig, nicht zu stark. „Aber morgen komm ich deswegen net schon wieder!"

Um kurz vor vierzehn Uhr eilte ich hinüber ins Theater.

„Soeben ist Herr Willingshofer eingetroffen!", informierte mich der Portier. „Wen darf ich denn anmelden?"

„Brauchen S' net, mich kennt er sowieso nicht, das macht die Sache nur kompliziert. Ich erklär ihm schon alles selbst", so meine Antwort.

„Na, wenn S' meinen, dann erster Stock links, dritte Tür, „Sekretariat" steht drauf, dort klopfen S' an!", bestimmte der Portier.

Ich klopfte an, aber niemand meldete sich. Da öffnete ich die Tür und ging hinein. Aus dem Nebenzimmer kam sofort: „Frau Rubin, wer ist denn da, hallo Frau Rubin, hören Sie mich nicht?"

„Die Frau Rubin ist nicht hier, bin ich richtig bei Herrn Direktor Willingshofer?“, fragte ich.

„Der bin ich. Was wünschen Sie? Treten Sie näher, damit ich Sie sehen kann!“, forderte er mich auf.

„Meine Enkelin sollte sich eigentlich bei Ihnen heute melden wegen der freien Stelle als Maskenbildnerin, wurde ihr am Telefon gesagt.“

„Ach so, und von wem?“, fragte er mich.

„Ja, das weiß ich nicht, meine Enkelin hat mich nur gebeten, den Termin für sie wahrzunehmen, da sie heute als Zeugin eines Unfalls vor Gericht aussagen muss.“

„Was hat denn Ihre Enkelin für eine Ausbildung?“,

„Sie hat den Beruf der Maskenbildnerin erlernt und ihre Ausbildung erfolgreich abgeschlossen, ist sehr talentiert und würde gerne in diesem renommierten Theater hier arbeiten. Sie, Herr Willingshofer, so hört man, genießen einen exzellenten Ruf als Direktor!“, schmeichelte ich ihm.

„Ich bin nur der *Artdirector*!“

„Ja genau, das meine ich ja.“

„Wie alt ist sie denn, die junge Dame?“

„25“, gab ich zur Antwort.

„Also, unsere langjährige Maskenbildnerin“, so der Direktor, „musste leider krankheitsbedingt längere Zeit pausieren, was aber in unserem Haus bei den laufenden Aufführungen ein Problem darstellt. Deshalb mussten wir uns einvernehmlich von ihr trennen und die Stelle sofort neu ausschreiben.

Gute Maskenbildner sind heutzutage Mangelware, wie Sie wahrscheinlich wissen, daher schau ich mir die Dame gerne an. Sie soll mich gleich morgen telefonisch kontaktieren, hier ist meine Visitenkarte.

Wenn das Vorstellungsgespräch positiv verläuft, kann sie eine Woche bei uns schnuppern, das heißt, sie kann ihr Können unter Beweis stellen.“

„Sie haben mir damit eine sehr große Freude bereitet, Herr Direktor und meinem Enkelkind erst recht“, bedankte und verabschiedete ich mich.

„Der Portier vom Theater in der Josefstadt wird mir schön langsam unheimlich“, sinnierte ich vor mich hin. „Alles, was der mit rät, ist ein Volltreffer. Wahrscheinlich ist es eh nur ein Zufall, aber Zufälle, so sagt man mir immer, die gibt es ja nicht. Bestimmung oder Fügung nennt man es, nicht Zufall, habe ich mir sagen lassen. Na gut, soll mir auch recht sein.

Ein bisserl geschmettert habe ich auch beim Herrn Willingshofer. Das muss ich alles ganz genau der Fini erzählen, was ich zu ihm gesagt habe, nicht dass sie sich verplappert beim Vorstellungsgespräch.

Aber er hat auch nicht die Wahrheit gesagt. Das mit der längeren krankheitsbedingten Pause seiner Maskenbildnerin hat er bloß erfunden, das war nicht der wirkliche Kündigungsgrund. Ich glaub schon eher, dass der Josefstadt-Portier die Wahrheit gesagt hat.“

Daraufhin rief ich die Fini an, aber abgehoben hat ihre Mama.

„Grüß Gott, Herr Julier, ich bin's, Finis Mama. Fini ist nur kurz was einkaufen gegangen, hat aber das *Handy* zu Hause vergessen, darum habe ich abgehoben!“, empfing sie mich freundlich am Telefon.

„Macht nichts! Richten S' ihr bitte aus, dass sie mich zurückrufen soll, wir müssen uns treffen, es geht um ihre Jobsuche.“

„Herr Julier, kommen S' doch bitte gleich heute Abend bei uns vorbei, mein Mann möchte sowieso mit Ihnen sprechen, es hat sich was Neues ergeben in Sachen Toni.“

„Das trifft sich gut, wann ist es Ihnen denn recht?“, fragte ich.

„So gegen sechs Uhr abends, passt das für Sie, Herr Julier?“

„Jawohl, danke“, antwortete ich.

Als ich am Abend bei den Bruckmüllers eintraf, empfing mich Frau Bruckmüller wieder herzlich.

„Hansi-Opa!“, rief Fini, stürmte herbei, umarmte mich und fragte: „Was hast du denn für eine Überraschung für mich? Mama hat es mir gesagt. Ach ja, das ist mein Bruder Michi.“

„Hallo“, begrüßte er mich, „Sie sind also der Hansi-Opa, von dem die Fini immer schwärmt.“

„Ach so, tut sie das?“, entgegnete ich. „Also, grüß Gott, junger Mann.“ Damit begrüßte auch ich ihn und schüttelte ihm die Hand.

„Treten Sie bitte näher!“, forderte mich Frau Bruckmüller auf. „Ich habe für uns einen kleinen Imbiss vorbereitet, es ist ja schon Zeit zum Abendessen, nicht wahr?“

Während wir uns an der köstlichen kalten Platte bedienten, erzählte ich Fini ausführlich bis ins letzte Detail von meinem Treffen im Theater an der Wien mit Herrn Willingshofer, dem *Artdirector* des Hauses, und wie es dazu gekommen war. Fini war verständlicherweise schon sehr neugierig.

„Ich soll ihn anrufen und ein Vorstellungsgespräch vereinbaren, ist das wirklich wahr?“

„Ja natürlich ist das wahr, da ist seine Visitenkarte. Fini, du musst ihm genau das auch sagen, was ich jetzt dir gesagt habe, dass du mein Enkelkind bist und wegen eines Gerichtstermines den ersten Termin bei ihm nicht wahrnehmen konntest, deshalb hast du mich hingeschickt.“

„Das ist großartig“, kam von allen begeistert, „und eine Riesenchance!“

„Danke, lieber Hansi-Opa, ich werde mein Bestes geben!“, sprach Fini. „Wird schon schiefgehen!“, fügte sie scherzend hinzu.

Herr Bruckmüller zog sich anschließend mit mir ins Nebenzimmer zurück, Fini servierte uns Kaffee.

„Das muss aber unter uns beiden bleiben, was Sie jetzt von mir zu hören bekommen, Herr Julier – streng geheim!“

Herr Bruckmüller schilderte ausführlich: „Unsere Kriminalisten haben herausgefunden, dass Toni schon in Bratislava eingecheckt hat, im Hotel Radisson Blu Carlton Hotel. Die italienischen Behörden haben uns per E-Mail mitgeteilt, dass drei LKWs bereits vor zwei Tagen das Firmengelände von Antonio Ricco verlassen haben. Von den Spezialeinheiten der italienischen Polizei wurde alles vorbereitet, sodass sie die LKW-Route mittels GPS, das ist ein globales Positionsbestimmungssystem, verfolgen können.

Tatsächlich haben sie nicht den Weg via Tarvisio nach Österreich eingeschlagen, sondern sind von der Autobahn A4 nach Slowenien via Gorizia, Ljubljana weiter nach Ungarn gefahren. Derzeit befinden sie sich auf einem Rastplatz in Zalaegerszeg in Ungarn. Vermutlich führt die Route von dort weiter über Szombathely in die Slowakei nach Bratislava. Die LKWs sollen schon heute Abend dort eintreffen.

Der von unseren Kriminalisten observierte Toni wurde beobachtet, wie er sich mit dem Taxi vom Hotel zum Frachthafen in den östlich gelegenen Stadtteil Ružinov zu einem *Cargo Dock* bringen ließ. Wahrscheinlich werden dort die LKW-Ladungen aufgeteilt, die Schmuggelware in einen Container verladen und via Donaufrachtschiff von Bratislava weiter nach Wien transportiert.

Die LKWs fahren dann mit der restlichen, legalen Ware über Kittsee nach Österreich, in das Lager von Tonis Import-Export-Firma. Der Plan ist gut, aber unsere Kriminalisten sind besser.

Wenn die Ware in Wien ankommt und entladen wird, anzunehmen im Donau Frachthafen Freudenau, erfolgt der Zugriff durch unsere Sondereinheit.

Es ist auch zu vermuten, dass Toni ebenfalls nach Wien reist, möglicherweise mit dem *Twin City Liner*, der am Schwedenplatz anlegt. Auch da wird er von unseren Sicherheitsleuten empfangen."

„Was ist ein *Twin City Liner*?", fragte ich erstaunt.

„Das ist ein Passagier-Touristen-Schnellboot, mit dem man in 75 Minuten von Wien nach Bratislava fährt und umgekehrt", gab Herr Bruckmüller mir zur Antwort.

„Na, das ist ja spannend", bemerkte ich.

„Also, noch mal, nichts erwähnen, zu niemandem, auch nicht Nina gegenüber!", betonte Herr Bruckmüller.

„Alles klar, verstanden, Herr Bruckmüller, und danke für die Information."

Ich halte Sie auf dem Laufenden, wenn der Zugriff erfolgt", waren Herrn Bruckmüllers abschließende Worte.

Fini sagte mir, bevor ich ging, dass sie gleich am nächsten Morgen Herrn Willingshofer anrufen werde.

Am nächsten Tag gegen Mittag rief sie mich schon an, um mir mitzuteilen, dass sie bereits am Nachmittag um 15 Uhr das Vorstellungsgespräch habe.

Um 17 Uhr klingelte mein *Handy* schon wieder. Es war ein weiteres Mal Fini, die berichtete: „Ich habe Herrn Willingshofer seiner Aussage nach zufriedenstellend über meine Ausbildung informiert. Er war beeindruckt und ich darf am kommenden Montag, also nächste Woche schon, zum Schnuppern kommen. ‚Probieren wir's halt', sind seine Worte gewesen. Ist das nicht fantastisch, Hansi-Opa?"

„Und ob, gratuliere, du wirst sehen, die Stelle bekommst du", beglückwünschte ich sie.

Am Donnerstagmorgen klingelte um sieben Uhr mein *Handy*. „Heute ist der Zugriff", flüsterte Herr Bruckmüller ins Telefon.

„Die LKWs sind bereits in Tonis Lager in Wien eingelangt, werden gerade entladen. Unsere Zollbeamten führen am Nachmittag die Zollbeschau durch.

Das Donauschiff mit dem umgeladenen Container, der die Schmuggelware enthält, ein rumänischer Frachter mit dem Namen „Nicolae", soll mittags im Donau-Frachthafen Freudenau anlegen.

Bis der Container entladen ist, dauert es zwei bis drei Stunden. Der Container wird im gesicherten *Container-Dock* abgestellt. Wir sind gespannt, wer die Ware dort übernimmt.

Komisch jedoch ist, dass Toni nicht auf der Passagierliste des *Twin City Liners* steht, zumindest nicht unter seinem richtigen Namen.

Ich melde mich am Nachmittag wieder bei Ihnen, Herr Julier."

„Ja, danke, Herr Bruckmüller, bin schon sehr gespannt", antwortete ich.

Ich verspürte nun großen Hunger. Ganz in der Nähe gab es ein Standl mit frischen Grillhendeln zum Vor-Ort-Essen und zum Mitnehmen. Da ging ich hin.

Ich war grad fertig mit dem Essen, hatte noch eine Melange bestellt, als mein *Handy* läutete – es war schon wieder der Bruckmüller.

„Guten Tag, was gibt's Neues, Herr Bruckmüller?"

„Stellen Sie sich vor, Herr Julier, vor einer halben Stunde ist der Zugriff erfolgt am Hafen von Freudenau", sprach er aufgeregt.

„Der besagte Container wurde von den beiden Herrn aus Kalabrien, die Herr Ricco mit seinem *Consigliere* nach Wien gesandt hatte, in Empfang genommen, mit den dazugehörigen Frachtpapieren. Unser Zoll hat den Container geöffnet, die Paletten wurden entladen und die Ware kontrolliert. Es war ausschließlich Olivenöl geladen, keine Spur von Schmuggelzigaretten. Der Frachter „Nicolae" hat bereits am späten Nachmittag wieder abgelegt.

Wo befindet sich die Schmuggelware, fragten wir uns. Auch die Waren, die in Tonis Lager von den LKWs entladen wurden, waren *clean*, nichts zu beanstanden."

„Und Toni, was war mit ihm?", fragte ich.

„Der ist auch nicht am Schwedenplatz angekommen. Die haben uns ordentlich hinters Licht geführt", klang Herr Bruckmüller maßlos enttäuscht.

„Na ja, Herr Bruckmüller, das sind halt ganz abgedrehte, mit allen Salben geschmierte Gangster", gab ich zur Antwort.

„Sie sagen es, ich melde mich sofort wieder, wenn's was Neues gibt. Wiederhören, Herr Julier!", verabschiedete sich Herr Bruckmüller.

Das Wochenende verlief ruhig und gemütlich, ich blieb zu Hause und arbeitete ein wenig im Garten, es war ja Frühling und alles fing schon zu blühen an.

Am Sonntagnachmittag meldete sich Nina telefonisch.

„Hansi-Opa, wie geht es dir? Du fehlst mir", begrüßte sie mich.

„Wem sagst du das, mein Liebes", erwiderte ich. „Du fehlst mir auch. Was gibt es denn Neues?"

„Ich studiere fleißig meine Rolle als Julie ein. Diese Rolle ist nicht einfach, kann ich dir sagen. Diese unterschiedlichen Rollenspiele sind wahrlich eine Herausforderung", seufzte sie.

„Hansi-Opa, bitte merke es dir gleich vor: In der letzten Maiwoche, da ist mein erster Monat bereits vorbei, und am Freitag um 19 Uhr, also in zwei Wochen, ist hier in unserem Theater die Premiere des Theaterstückes „Fräulein Julie" mit mir als Julie in der weiblichen Hauptrolle. Du bist herzlich zur Premiere eingeladen."

„Danke, liebe Nina, aber wie komm ich denn da hin", überlegte ich, „mit der Eisenbahn, das wäre eine Möglichkeit."

„Musst du nicht, Hansi-Opa. Max habe ich auch eingeladen und er hat mit Freude zugesagt. Er wird dich rechtzeitig anrufen, ob und wo er dich abholen kann, damit ihr beide gemeinsam mit seinem Auto nach München kommen könnt.

Du bist mein Gast, Hansi-Opa, für dich habe ich ein Zimmer im Hotel Sheraton, dort, wo wir ja schon gemeinsam waren, reserviert und auch bezahlt. Die Theaterkarte für dich liegt auch im Zimmer. Max wohnt im selben Hotel, hat sich aber nicht auf das Hotelzimmer, nur auf die Theaterkarte von mir einladen lassen.

‚Es ist mir eine Ehre, liebe Nina, dich als Hauptdarstellerin in einem so bekannten Theaterstück bewundern zu dürfen', so hat mir Max geschmeichelt. Ist er nicht süß? Ich kann es gar nicht mehr erwarten, euch beide wiederzusehen."

„Nina, hast du in der Zwischenzeit wieder einmal mit Fini telefoniert?", fragte ich.

„Nein, warum, ich war tagsüber immer so beschäftigt. Gibt es etwas Neues?",

„Und ob!", bestätigte ich. „Fini hat ihre erste Probewoche als Maskenbildnerin im Theater an der Wien absolviert!"

„Wirklich? Super, ich ruf sie heute noch an, um sie zu beglückwünschen. Hast du ihr die Stelle vermittelt, Hansi-Opa?"

„Ja, das war aber ein Zufall", antwortete ich.

„Du mit deinen Zufällen, das sind alles Bestimmungen, Hansi-Opa, wie es auch Bestimmung war, dass wir beide uns kennengelernt haben. Eine wunderbare Fügung! Du wirst eben von oben geführt, wann nimmst du das endlich zur Kenntnis, Hansi-Opa!“, belehrte sie mich liebevoll.

„Geh, was du net sagst! Ich war halt zur rechten Zeit wieder einmal am richtigen Ort, net wahr!“

„Na, wenn du meinst? Bussi, Hansi-Opa, tschüss!“

Am Montag meldete sich Wiggerl telefonisch und fragte mich, ob es etwas Neues bei Nina gebe.

Ich erzählte ihm von der Hauptrolle, die Nina gerade einstudierte, und dass bereits am 2. Mai die Premiere dieses Theaterstückes sei.

„Was ist das denn für ein Theaterstück?“, wollte er von mir wissen.

„Das Stück heißt „Fräulein Julie“ und ist von dem schwedischen Dramatiker August Strindberg“, antwortete ich. „Nina wird die Julie spielen, sehr herausfordernd sagte sie, aber es sei wohl eine faszinierende Rolle.“

„Darf ich das auch Roger, dem Filmproduzenten aus Hamburg, erzählen?“, fragte mich Wiggerl.

„Ja, warum denn nicht, die Aufführung wird ja sowieso medial publiziert.“

„Na gut, dann werde ich ihm sagen, dass er nach München fliegen soll, um sich das Theaterstück auch anzuschauen. Da sieht er dann Nina gleich in der Rolle, besser geht's ja gar nicht. Und wenn sich die Gelegenheit ergibt, kann er sich mit ihr unterhalten.

Telefonisch habe ich ihm eh schon von Nina erzählt und er war ganz hellhörig. Übrigens, dass ich's nicht vergess, die Kriminalkomödien-Serie „Kavaliersdelikt“ ist bereits fix eingeplant, teilte er mir mit. Drehbeginn soll schon im Juli dieses Jahres sein. Eine Schauspielerin für die Hauptrolle hat er jedoch noch immer nicht. Vielleicht ist das die Chance für Nina. Wiggerl seufzte, hoffentlich kommt er zur Premiere nach München.“

„Bist du auch bei der Premiere?“, fragte er mich dann. „Ja“, antwortete ich, „Nina hat mich eingeladen. Hin- und zurückfahren kann ich mit einem lieben Freund von ihr, er ist Arzt.“

„Na gut, dann werde ich, wenn es dir nichts ausmacht, lieber Hans, das Zusammentreffen mit Roger und euch organisieren. In welchem Hotel wohnst du denn in München?“

„Im Sheraton“, gab ich zur Antwort.

„Dann soll Roger auch gleich dort *einchecken*“, so Wiggerl.

„Ja gerne, aber versprechen kann ich nichts, bin ja selbst nur eingeladen.“

„Aber Hans, den Roger kennenzulernen, das wird bestimmt auch Nina interessieren, denn er ist ein großartiger und international erfolgreicher Filmproduzent. Möglicherweise bringt er sogar seine Frau mit.“

„Ja, wenn du meinst, Wiggerl. Lassen wir uns überraschen!“, nahm ich seinen Vorschlag an.

Mitte dieser Woche hatte ich mir vorgenommen, nach Hietzing zu fahren, um mir die Villa in der Auhofstraße, in der ich früher mit Blanca wohnte, von außen anzusehen. Heute, so hatte ich gehört, soll ja eine Botschaft drinnen sein.

Also machte ich mich am Mittwochvormittag in Richtung Hietzing auf, diesmal probierte ich es mit der U-Bahn, zum ersten Mal.

Na, das war was, Gott sei Dank stand da ein junger Mann, den ich fragen konnte, wo man da eine Fahrkarte bekäme.

„Wo wollen S’ denn hin, mein Herr?“, fragte er mich.

„Nach Hietzing, in die Auhofstraße“, sagte ich.

„Wirklich, Glück haben S' auch noch. Ich arbeite nämlich als Kellner im Café Dommayer in der Dommayergasse in Hietzing. Vielleicht kennen Sie das Café sogar. Mein Dienst beginnt um 13 Uhr", gab mir der nette junge Mann zu verstehen.

„Klar kenn ich den Dommayer!", antwortete ich.

„Also dann, zuerst lösen wir am Ticketautomaten eine Fahrkarte für Sie, ich habe ja eine Jahreskarte, und dann fahren wir gemeinsam von hier weg mit der U 4 bis zur Dommayergasse.

Von dort aus sind Sie dann in fünf Minuten in der Auhofstraße", erklärte er mit ortskundig.

„Ich bin Ihnen so dankbar, junger Mann, allein würde ich mich in der U- Bahn niemals zurechtfinden, danke vielmals!"

„Halb so wild, der Herr", entgegnete er. „Beim Heimfahren fragen S' am Ticketschalter nach, wenn Sie sich net auskennen, es hilft Ihnen sowieso jeder!", beruhigte mich der freundliche junge Mann.

„Suchen Sie was Bestimmtes in der Auhofstraße?", fragte er mich abschließend.

„Nein, nicht direkt."

„Es gibt da nämlich ein super Lokal, die Weinschenke Schneider. Gehen S' da hin, allein schon die Fotos mit berühmten Leuten von früher an den Wänden sind sehenswert. Wenn Sie die Auhofstraße hinaufspazieren, links hinein ist die Feldmühlgasse, kurz vorher steht auf der rechten Seite die ehemalige Villa des Schauspielers Hans Moser zu sehen, jetzt ist die *Moser-Villa* im Besitz der Aserbaidschanischen Botschaft. Auch die *Klimt-Villa* des berühmten österreichischen Malers Gustav Klimt befindet sich in derselben Gasse. Können S' nicht verfehlen.

Beim Zurückgehen besuchen S', wenn S' noch Zeit haben, den *Hans- Moser-Park*. Dort geh ich immer hin, wenn ich zwei Stunden Pause habe, es ist so schön und erholsam dort. Im Park sehen Sie auch die Büste dieses bekannten österreichischen Schauspielers Hans Moser. Meine Eltern sind *mega* Fans von diesem Herrn. Sie kennen ihn schon, oder? Er ist zwar schon vor langer Zeit gestorben, aber seine Filme sind heute noch der Hit, das sagen zumindest meine Eltern."

„Na, freilich kenn ich Hans Moser, wer kennt den net?", bestätigte ich.

„Sie schauen ihm verdammt ähnlich, wenn ich das sagen darf", grinste mich der junge Mann an. „Aber vom Alter her geht es sich nicht ganz aus!", fügte er noch hinzu.

„Ach so, danke, soll ich das jetzt als Kompliment auffassen?", fragte ich nach.

„Ja schon", war seine Antwort.

„So, jetzt sind wir da, es hat mich sehr gefreut, Sie kennengelernt zu haben." Mit diesen Worten verabschiedete sich der höfliche junge Mann.

„Ganz meinerseits, auf Wiedersehen und danke noch mal für Ihre Hilfe!", entgegnete ich.

„Also, so schaut sie jetzt aus, unsere damalige Villa. So schöne Zeiten haben Blanca und ich in ihr verbracht, aber net lang halt, leider.

Schön intakt gehalten haben sie alles. Schau, da schau her, sogar eine Gedenktafel wurde montiert, mir gewidmet, das ist aber nett", so meine Gedanken.

Mit Wehmut im Herzen spazierte ich dann weiter zur Weinschenke und ging hinein.

Tatsächlich, die ganze Wand war voll mit Bildern aus alten Zeiten, auch einige mit mir drauf. „Oje, da werden die mich gleich wieder als „Moser" anreden", dachte ich mir.

Und da kam er schon, der Herr Ober oder Kellner, wie man hier wahrscheinlich sagt.

„Da wäre ein schöner Platz, mein Herr, wenn's recht ist", sprach er mich an.

„Ja danke, da setz ich mich gleich hin!"

„Darf's was zum Essen sein, wollen S' einen Blick in die Speisekarte werfen?"

Es war ein junger, netter Kellner, der wahrscheinlich mit Hans Moser nichts anfangen konnte, hoffte ich insgeheim.

„Ja bitte, und bringen S' mir gleich zum Trinken ein Viertel Riesling mit einem Glas Sodawasser dazu."

„Sehr wohl, der Herr!" so der Ober freundlich.

Das Angebot in der Speisekarte war Gott sei Dank nicht groß, daher entschied ich mich gleich für den Schweinebraten mit Kraut und Knödel.

Das war eine sehr gute Wahl. Keine große Portion aber vom Feinsten. „Des kann der Koch, gratuliere", sprach ich mit mir.

Nach der Melange, die ich mir abschließend noch gönnte, machte ich mich schon gespannt auf den Weg in den *Hans-Moser-Park*.

Es war nicht weit zum Park. Der junge Mann hatte recht, der Park ist wirklich schön.

„Na, schau, wen haben wir denn da? Oh, guten Tag Herr Moser, auch Hans Moser hier", verneigte ich mich vor meiner Büste, die mitten im Park steht. „Wenn des jetzt wer sieht", dachte ich mir, „dann bin ich aufgedeckt!"

Als ich weiter durch den Park schlenderte, kam mir eine kleine asiatische Reisegruppe mit ihrer Reiseführerin entgegen. Eine Dame rief lauthals: *„Oh, look at this man! He looks like the man on the bust in the park, do you remember? Is that even Hans Moser, the famous Austrian Actor!"*

Da bog ich gleich schnellen Schrittes in einen Seitenweg ab. Gott sei Dank folgten sie mir nicht.

Dass mich die Asiaten, es waren dem Aussehen nach höchstwahrscheinlich Japaner, auch kennen, machte mich nachdenklich.

Vielleicht hatte man in Japan einige Filme mit mir mit englischen Untertiteln gezeigt, wer weiß. Mit diesen Gedanken beruhigte ich mich wieder.

„Schön langsam werde ich mich auf den Nachhauseweg machen, aber net mit der U-Bahn, das tu ich mir nicht an, wer weiß, wo ich da lande“, sinnierte ich vor mich hin.

Da nehm ich lieber wieder die Tramway, wegen dem Umsteigen kann ich ja fragen. Außerdem sehe ich von der Straßenbahn die Gegend und in der U-Bahn net", bestärkte ich mich in meiner Entscheidung.

Für das Wochenende sagte sich Wiggerl an. Er wollte zu mir kommen, um den Vorvertrag für Nina durchzusprechen. Samstagvormittag um zehn Uhr hatten wir vereinbart. Zum anschließenden Mittagessen in einem netten Restaurant in meiner Nähe lud ich ihn ein.

Am Sonntag wollte ich meine Ruh haben, denn das war der Tag, an dem Nina meistens anrief.

Das Gespräch am Samstag mit dem Wiggerl war sehr nett. Im Vorvertrag hatte ich nichts gefunden, was bedenklich wäre, dennoch kann Nina ihn ja gern von einem Anwalt prüfen lassen. Max hatte eh erzählt, dass ein sehr guter Schulfreund von ihm Rechtsanwalt sei. Da sollte Nina mit Max darüber reden.

Nina schickte mir bereits am Samstag eine Nachricht aufs *Handy*: „Hallo Hansi-Opa, es ist stressig bei mir heute, Sonntag haben wir Probe im Theater. Ich ruf dich am Montag an. Toni hat sich übrigens auch bei mir telefonisch gemeldet!"

„Na, da bin ich gespannt", dachte ich mir.

Am Montag ließ ich mein *Handy* die ganze Zeit eingesteckt, damit ich den Anruf ja nicht verpasste.

Es war 19 Uhr, als das *Handy* klingelte, es war Nina: „Hallo Hansi-Opa, geht es dir gut, was machst du immer?"

„Danke, alles gut bei mir, und wie geht es dir, liebe Nina?"

„Wir haben jeden zweiten Tag Szenenprobe, das ist sehr anstrengend. Herr Dollinger und Frau Ritz sind jedoch sehr zufrieden mit mir, haben mich ständig gelobt und Frau Ritz hat mit sogar ins Ohr geflüstert: ‚Nina, Sie sind ein Ausnahmetalent – machen Sie weiter so!', worüber ich mich sehr gefreut habe", erzählte Nina begeistert.

„Nina, ich bin so stolz auf dich!", vor Freude bekam ich feuchte Augen.

„Noch etwas, Hansi-Opa. Toni hat sich telefonisch bei mir gemeldet und gesagt, dass er in Wien sei, um letzte Vorbereitungen zu treffen für eine zweiwöchige Auslandsreise. Wohin hat er mir nicht gesagt. Er hat mich gefragt, ob wir uns in den kommenden beiden Tagen noch einmal kurz sehen könnten. Ich lehnte ab mit der Begründung, dass ich bis Donnerstag bei einer Freundin in Innsbruck sei.‚Schade‘, meinte er,‚ich fliege leider schon Freitag zu Mittag. Alles Liebe, Nina, ich melde mich wieder, wenn ich zurück bin!‘“

„Nina, du weißt ja, was Herr Bruckmüller gesagt hat: Dein Telefon wird vielleicht abgehört“, gab ich ihr zu bedenken.

„Ja, das ist mir klar, der Anruf war ja eh anonym, wahrscheinlich hat er mit einem *Prepaidhandy* telefoniert. Ich habe sowieso nichts gesagt, was belastend für mich sein könnte.

Hansi-Opa, bitte ruf den Herrn Bruckmüller an und erzähl ihm von Tonis Anruf. Ich möchte keine Schwierigkeiten bekommen und schon gar nicht in diese Sache hineingezogen werden! Bitte! Bussi, Hansi-Opa, tschau!“

„Bussi auch von mir, liebe Nina, alles Liebe, auf Wiederhören!“

„Jetzt ist's schon zu spät, morgen früh ruf ich den Herrn Bruckmüller an“, plante ich.

Gesagt, getan, ich rief ihn am nächsten Morgen an. Seine Gattin hob ab, teilte mir mit, dass ihr Mann schon im Amt sei, und gab mir die Telefonnummer.

Mein anschließender Anruf im Zollamt wurde sofort an Herrn Bruckmüller weiterverbunden.

„Guten Morgen Herr Julier, Sie schon so früh, was ist geschehen?“, fragte er mich.

Ich erzählte ihm, was mir Nina über Toni mitgeteilt hatte.

„Das ist interessant“, erwiderte er, „wir dachten schon, dass er in Wien ist, denn er hat bereits vor Tagen im Radisson Blu Carlton Hotel Bratislava ausgecheckt. Wir vermuten, dass er bei Freunden oder bei seiner Mutter untergetaucht ist.

In seiner Firma ist es ruhig, keine Anlieferungen, keine Lieferabgänge wurden von uns beobachtet. Es sieht so aus, als ob die drei Italiener den Standort wechseln werden und alle Vorbereitungen hierfür treffen.

Wenn Toni tatsächlich verreisen möchte, benötigt er aber Bargeld und das ist wahrscheinlich mittlerweile schon in den Händen dieser Italiener. Die Geschäftskonten seiner

Firma wurden bereits gesperrt. Also muss er sich mit seinen italienischen Freunden noch einmal treffen.

Danke für den Hinweis, Herr Julier."

„Ja gerne, aber ich möchte klarstellen bitte, dass Nina nicht in diese Sache hineingezogen wird, sie hat damit nichts zu tun."

„Da kann ich Sie beruhigen, Herr Julier, niemand wird Nina etwas anlasten!", bestätigte Herr Bruckmüller.

„Jessas, meinen Anzug muss ich noch aus der *Putzerei* holen", erinnerte ich mich plötzlich, denn ich hatte ihn dort aufbügeln lassen, damit ich fesch bin bei der Premiere. Es war ja schon Mittwoch.

„Morgen ruf ich die Fini an und frage, wie es ihr geht. Ich bin schon neugierig", schwirrten die Gedanken in mir herum.

Max rief mich am Donnerstag wie besprochen abends an und teilte mir mit, dass er mich morgen um zehn Uhr bei mir zu Hause abholen würde.

Am Freitag, ich war bereits startklar, kam er pünktlich um zehn Uhr und wir begaben uns auf die gemeinsame Reise nach München.

„Wenn es Ihnen recht ist, Herr Julier, werden wir unterwegs eine Kleinigkeit an einer Raststelle zu uns nehmen", kündigte Max an. „Gerne", antwortete ich.

Der Himmel war wolkenlos und für die Jahreszeit sehr warm. Max erzählte mir von seinem Studium und seiner Beziehung zu Nina. Im Gespräch konnte ich sofort erkennen, dass er ein Auge auf sie geworfen hatte. Er schwärmte von ihr und lobte sie in den höchsten Tönen. Der einzige bittere Beigeschmack war halt Toni, das beunruhigte Max.

„Was soll ich jetzt tun?", dachte ich mir. „Soll ich ihm sagen, dass für Toni ein Haftbefehl erlassen worden ist, und Nina davon weiß? Oder soll ich ihn fragen, wie Nina ihr Verhältnis zu Toni sieht?"

Ich entschied mich für das Zweitere und fragte Max: „Wie sieht denn Nina ihr Verhältnis zu Toni?"

„Sie wollte mir, bevor sie abgereist ist, noch etwas Wichtiges darüber sagen, es kam aber nicht mehr dazu", antwortete mir Max. „Nina hat nur kurz erwähnt, dass Toni in dubiose Sachen verwickelt sei und sich im Ausland befände. Aber das wissen Sie doch schon alles, Herr Julier, Nina hat das ja im Restaurant Danieli erzählt, da waren Sie auch dabei."

„Ach ja, stimmt, das habe ich ja ganz vergessen", antwortete ich verlegen.

Kurz vor Salzburg machten wir an einer Raststätte halt und nahmen eine Kleinigkeit zu uns.

Von dort waren es noch eindreiviertel Stunden bis ins Hotel. Wir kamen gut an, ruhten uns etwas aus und machten uns anschließend frisch für den Premierenabend.

Wir durften noch vor der Premiere kurz in Ninas Garderobe. Die Maskenbildnerin war gerade fertig geworden.

„Ich bin so aufgeregt, mein Herz klopft wie verrückt!"

Mit diesen Worten empfing Nina uns nur kurz. „In eurem Hotel ist für 22 Uhr ein Tisch reserviert. Seid mir bitte nicht böse, wir sehen uns am Abend, ich freue mich!"

„Das mit dem Lampenfieber kenn ich nur zu gut", dachte ich mir.

Nina spielte die Rolle der jungen Gräfin im Drama „Fräulein Julie" grandios. Wie sie flirtete, bestechend auch die Szenen, wo sie sich hemmungslos zeigte in den Auseinandersetzungen mit dem Diener und den entwürdigenden Beschimpfungen. Sie vermittelte eindrucksvoll, dass sie als Gräfin trotz der erotischen Ausstrahlung die traditionellen sozialen Schranken und Konventionen nicht überwinden konnte und durfte. Berührend und dramatisch spielte sie bis zum Ende des im 19. Jahrhundert entstandenen Dramas um die verlorene Ehre einer jungen adeligen Frau. Nach dieser Schande und in ihrer Verzweiflung sah Fräulein Julie keinen anderen Ausweg, als aus dem Leben zu scheiden.

Es gab *Standing Ovations*, das Publikum war begeistert. Nina bekam tosenden Applaus.

Nach dem Theaterstück trafen Max und ich im Foyer Herrn Roger Goldmann. Er kam auf uns zu mit den Worten: „Sie müssen Herr Julier sein, der Freud vom Wiggerl!"

„Was heißt Freund, bekannt sind wir halt, gut bekannt!“, antwortete ich.

„Roger Goldmann, mein Name, ich bin Filmproduzent aus Hamburg!“ stellte er sich vor.

„Wiggerl hat mir schon einiges von Ihnen erzählt.“

„Gestatten Sie, Herr Goldmann, der Herr neben mir ist Dr. Max Bogner, er ist Arzt und der Freund von Nina Hoff!“, stellte ich Max vor.

„Sehr erfreut, Herr Dr. Bogner!“, erwiderte Herr Goldmann. „Nächtigen Sie auch im Hotel Sheraton?“, fragte er uns.

„Ja“, antworteten wir gleichzeitig.

„Vielleicht ist es möglich, dass wir uns morgen zum Frühstück treffen, um neun Uhr, und bitten Sie auch Fräulein Hoff, mitzukommen!“, so Her Goldmann.

„Machen wir gerne, danke, also, bis morgen!“, stimmten wir zu.

Nina kam in einem kirschroten Abendkleid zum Dinner, in Begleitung von Herrn Dollinger und Frau Ritz. Sie sah umwerfend aus. Wir nahmen am reservierten Tisch Platz und Nina stellte uns Herrn Dollinger und Frau Ritz vor: „Das ist mein lieber Freund Max Bogner, er ist Arzt. Wir kennen uns schon sehr lange, gingen in dasselbe Gymnasium in Wien. Und dieser liebenswerte Mensch hier ist mein Hansi-Opa!“

Da unterbrach sie Herr Dollinger: „Hansi-Opa und ich, wir sind bereits per Du, stimmt das, Hans?“ Ich nickte zustimmend. „Seit unserem gemeinsamen Abend beim Heurigen in Wien!“, fügte er noch hinzu.

Herr Dollinger schilderte kurz den Ablauf der vergangenen zwei Wochen. „Was Nina in diesen vergangenen Wochen geleistet hat“, erzählte er, „war sehenswert und brachte sogar unsere Frau Ritz, die nicht so leicht aus der Fassung zu bringen ist, zum Erstaunen. Diese Leichtigkeit, ihre Mimik und Gestik, das Selbstbewusstsein, mit dem Fräulein Nina an die Sache ranging, das war beeindruckend. Als hätte sie in ihrem Leben nichts anderes gemacht. Nina, Sie sind ein Profi, die Bühnenwelt wird Ihnen zu Füßen liegen, das ist Ihr Leben!“

Nina genoss diese lobenden Worte und ging näher darauf ein: „Lieber Herr Dollinger, danke für diese aufbauenden Worte. Ohne Sie und ohne Frau Ritz, die mit ihrem Gespür für Sensibilität, mit der sie mich schrittweise in die Rolle eingebaut oder besser gesagt, hineinversetzt hat, hätte ich es niemals geschafft. Sie beide vermittelten mir stets den Eindruck, es zu schaffen, und das sogar mit Leichtigkeit!

Diesen ersten Erfolg habe ich drei lieben Menschen zu verdanken: Ihnen, Herr Dollinger, Ihnen Frau Ritz, und dir, mein lieber Hansi- Opa!"

„Hans, das ist nicht zum Weinen", sprach mich Herr Dollinger an, „das ist zum Freuen!"

„Ich weiß, sind ja eh Freudentränen. Nina ist für mich wie ein Enkelkind. Ich freu mich mit ihr und leide auch mit ihr. Bestimmt hat der liebe Gott mich zu ihr geführt", antwortete ich ergriffen.

Auch Nina hatte Tränen in den Augen, umarmte und drückte mich lange an sich. „Aber jetzt lachen wir wieder, mein Hansi-Opa!", flüsterte sie schmunzelnd und wischte sich dabei die Tränen aus dem Gesicht.

„Darf ich auch was dazu sagen?", fragte Max? „Ja gerne", erwiderten wir.

„Vorerst, danke, liebe Nina, für diese Einladung. Als wir beide unser Studium planten, du ursprünglich ebenfalls Medizin studieren wolltest, schlussendlich jedoch das Bühnenfach gewählt hast, war ich ein wenig traurig und hatte Angst, dich aus den Augen zu verlieren. Die Zufallsbekanntschaft meiner Schwester mit Herrn Julier hat uns beide jedoch wieder zusammengeführt und deswegen bin ich unendlich glücklich und dankbar. Liebe Nina, du bedeutest mit sehr viel, lass es mich wissen, wann immer du mich brauchst."

„Auch du, lieber Max, bedeutest mir sehr viel. Danke für die lieben Worte!", fügte Nina etwas verlegen hinzu.

Nach dem Abendessen verabschiedeten sich Herr Dollinger und Frau Ritz, da sie am nächsten Tag frühzeitig zu einem Geschäftstermin reisen mussten.

Wir setzten uns noch an die Bar, auf einen „Schlummertrunk“, und berichteten Nina vom Zusammentreffen mit Herrn Roger Goldmann, dem Filmproduzenten aus Hamburg, der ihretwegen eigens nach München zur Premiere angereist war.

„Er hat uns gefragt, ob wir drei morgen mit ihm gemeinsam hier im Hotel frühstücken wollen. Wir haben ihm gesagt, wenn du einverstanden bist, sehr gerne. Was meinst du, Nina?“

„Ich bin dabei, hören wir uns an, was Herr Goldmann auf dem Herzen hat!“, antwortete sie.

„Liebe Nina, lieber Max, ich bin schon müde und geh jetzt schlafen. Wahrscheinlich werde ich von dem schönen Abend noch träumen. Gute Nacht!“, so verabschiedete ich mich und dachte: „Die beiden haben sich sicherlich noch einiges zu sagen, da will ich nicht stören.“

In meinem Zimmer angekommen, nahm ich mein *Handy* vom Nachttisch und sah, dass es fünf Anrufe in Abwesenheit gegeben hatte, alle von Herrn Bruckmüller.

„Wie spät ist es? Was, schon nach Mitternacht, da ruf ich morgen zurück!“, beschloss ich.

Beim Frühstück kam Herr Goldmann auf uns zu und stellte sich Nina vor: „Liebes Fräulein Hoff“, sprach er, „ich bin Ihretwegen zu dieser Premiere geflogen und habe es keine Sekunde bereut. Meine Gattin und ich, wir besitzen gemeinsam eine Filmproduktion in Hamburg. Emily befindet sich geschäftlich gerade in London, sonst wäre auch sie hierher mitgekommen. Sie wurde jedoch bereits durch mich telefonisch von Ihrem großartigen, hochprofessionellen Auftritt informiert. Frau Hoff, Sie waren so was von überzeugend in dieser Rolle, nicht mehr zu überbieten!“

„Danke, Herr Goldmann, und sagen Sie bitte „Nina“ zu mir!“, bot sie ihm an.

„Gerne, Nina. Sie sind schon durch Herrn Wiggerl, dem Agenten aus Wien, über unser Projekt, eine zehnteilige Kriminalkomödien-Serie mit dem Titel „Kavaliersdelikt“ informiert, hat er mir mitgeteilt, und Sie wissen auch, dass wir noch die weibliche Titelrolle zu vergeben haben.

Wiggerl hat Sie, liebe Nina, vorgeschlagen. Aufgrund dessen lade ich Sie hiermit zum *Casting* für die Titelrolle ein! Es gibt noch zwei weitere Anwärterinnen. Das *Casting* findet am Dienstag, dem 2. Juli, in unserem Atelier in Hamburg statt. Die Flug- und Hotelkosten übernehmen selbstverständlich wir. Sie werden am Flughafen abgeholt."

„Das ist eine große Ehre für mich, vielen Dank. Ich werde mich noch mit dem Hansi-Opa besprechen und darf Ihnen nächste Woche schnellmöglich Bescheid sagen!", gab Nina zur Antwort.

„Das freut mich sehr, Nina, bis dann, viel Erfolg weiterhin!" Mit diesen Worten verabschiedete sich Herr Goldmann. Sein Rückflug nach Hamburg ging bereits um 13 Uhr.

Wir setzten uns noch in der Hotellobby zusammen.

„Was meinst du dazu, Hansi-Opa?", fragte mich Nina. „Das wäre der Einstieg ins Filmgeschäft, mit allen Freuden und Risiken!"

„Ich würde es machen!", antwortete ich.

„Übrigens, der Wiggerl war bei mir mit dem Vorvertrag, du weißt schon. Ich habe ihn mir durchgesehen, er ist meiner Ansicht nach in Ordnung. Aber Max, du hast ja erzählt, dass dein Freund Anwalt ist. Vielleicht kann der noch einmal den Vertrag durchlesen?", so meine Frage an Max.

„Selbstverständlich, machen wir sofort, wenn wir heimkommen!", antwortete er spontan.

„Na, dann steigen wir eben ins Filmgeschäft ein", scherzte Nina. „Im Ernst, was schaut ihr so verdutzt? Ich mach das!", ergänzte sie gutgelaunt.

„Da gibt es noch was", warf ich ein. „Herr Bruckmüller hat mich gestern Abend fünfmal in Abwesenheit angerufen", informierte ich die beiden. „Hoffentlich ist nichts passiert?"

„Ruf ihn doch jetzt an, Hansi-Opa, dann wissen wir's!", forderte mich Nina gespannt auf.

„Wird gemacht!", bestätigte ich und wählte die Nummer.

„Danke für den Rückruf, Herr Julier, mir ist erst zu spät gestern eingefallen, dass Sie ja bei der Premiere in München sind. Wie war sie, die Premiere?"

„Großartig", antwortete ich. „Nina hat vom Publikum *Standing Ovations* bekommen!"

„Sagen S' ihr herzlichen Glückwunsch von mir und meiner Familie!"

„Sie können's ihr gleich selbst sagen, sie sitzt neben mir. Ich schalte auf Lautsprecher! Wie geht das überhaupt?", wandte ich mich an Nina. „Hier drücken, Hansi-Opa!"

„Hallo Herr Bruckmüller, Max ist auch mit dabei", sprach Nina.

„Grüß Gott, Nina, grüß Gott, Max!", erwiderte er. „Herzlichen Glückwunsch, Nina, zu Ihrer gelungenen Premiere! Nun muss ich euch aber etwas Unerfreuliches berichten!", fuhr er fort.

„Gestern Vormittag wurde Toni am Hafengelände in der Freudenau von einem Auto aus angeschossen und lebensgefährlich verletzt."

Wir erschraken alle. Damit hatte keiner gerechnet. Nina wurde bleich im Gesicht und fragte entsetzt: „Wie ist das passiert?"

„Als er aus dem Auto gestiegen ist, das seine Mutter lenkte. Er wollte anscheinend das Geld abholen für seine geplante Flugreise, das ihm am Hafengelände in einem Koffer übergeben werden sollte, laut unserer Information. Plötzlich hat sich ihm ein dunkler *SUV*, es war angeblich ein größerer *Jeep*, genährt. Der Fahrer hat ihn mit der Lichthupe angeblinkt. Toni ist dann stehen geblieben und auf das Auto zugegangen. Aus dem Seitenfenster des *SUVs* heraus wurde auf ihn zweimal geschossen. Anschließend ist der Wagen mit hoher Geschwindigkeit davongerast. Die Fahndung blieb bis dato erfolglos. In Tonis Sakkotaschen hat die Polizei ein Flugticket nach Rom, ausgestellt auf Mr. Marc Klebemann, und den dazugehörigen gefälschten Reisepass mit demselben Namen gefunden.

Wir vermuten, dass dies ein Auftrags-Attentat war, beauftragt vom organisierten italienischen Verbrechersyndikat. Durchaus möglich, dass Tonis Vater auch die Finger im Spiel hatte.

Die drei Italiener, die sich in Tonis Firma aufhielten, sind ebenfalls wie vom Erdboden verschwunden."

„Das ist entsetzlich, Herr Bruckmüller! Wird Toni seine Schussverletzungen überleben?", fragte Nina.

„Die Ärzte glauben, ja, er ist gegenwärtig stabil. Toni hat einen Bauchschuss und einen Hüftdurchschuss erlitten!", antwortete Herr Bruckmüller.

„Selbst, wenn er wieder gesund wird, was wir ihm alle wünschen, muss er anschließend eine langjährige Haftstrafe absitzen. Sei froh, Nina, dass du mit diesem Burschen nichts mehr zu tun hast!", fügte Herr Bruckmüller noch hinzu.

„Sie haben recht, Herr Bruckmüller, danke für alles!", verabschiedete sich Nina, noch sichtlich geschockt.

„Danke für die Information und auf Wiederhören, Herr Bruckmüller. Wir sehen uns in Wien. Machen Sie's gut!", fügte ich noch hinzu und beendete das Gespräch.

Diese Nachricht war noch lange Thema an diesem Abend, aber allmählich fanden wir wieder zu unserer ursprünglichen Feierlaune zurück.

„Hansi-Opa, was ich dir noch sagen will: Max ist jetzt mein Freund, ich habe mich in ihn verliebt und er sich auch schon lange in mich, wie er mir verraten hat. Wir beide sind überglücklich!", verkündete Nina.

„Und ich erst!", war meine Antwort. „Ihr seid ein so hübsches und liebenswertes Paar und ich bin euer überglücklicher Hansi-Opa, auch deiner, lieber Max!"

So gegen Mittag machten Max und ich uns wieder auf den Weg nach Wien.

Wir plauderten die ganze Fahrt und ließen unserer Freude über Ninas Erfolg freien Lauf. „Was meinst du, Hansi-Opa, werden die lokalen Printmedien auch über diese Premiere berichten?", fragte mich Max.

„Ich denke schon!", antwortete ich. „Das Deutsche Theater München ist ja sehr bekannt, die Presse schreibt ganz sicher darüber."

Am späten Nachmittag kamen wir gut zu Hause an. Max sagte mir noch abschließend, dass er Nina anrufen und sie bitten würde, uns alle lokalen Zeitungen zu schicken, die über die Premiere berichten.

„Gute Idee, danke noch mal fürs Chauffieren und auf Wiedersehen", verabschiedete ich mich.

Am kommenden Mittwoch läutete der Postler an. „Guten Morgen Herr Julier, Post ist für Sie gekommen, ein großes, dickes Kuvert!"

„Was da wohl drinnen ist?", wunderte ich mich und nahm es in Empfang.

Als ich es öffnete, sah ich Tageszeitungen und einen Brief, in diesem stand geschrieben.

„Hallo mein lieber Hansi-Opa! Max hat mir berichtet, dass ihr wohlbehalten zu Hause angekommen seid. Ich bin schon wieder voll im Einsatz, denn bis Monatsende gibt es wöchentlich zwei Aufführungen von „Fräulein Julie".

Fantastisch, aber auch anstrengend. Schau, was in den Zeitungen über mich steht, ich kann es gar nicht fassen! Melde dich anschließend bitte bei mir, Bussi, Bussi, Bussi!"

„Na, dann schauen wir einmal", dachte ich neugierig.

„Süddeutsche Zeitung", Titelseite: ‚*Eindrucksvoll, die Uraufführung von Strindbergs Drama „Fräulein Julie"! Nina Hoff, eine junge österreichische Schauspielerin in ihrer Glanzrolle!*'

„Münchener Anzeiger", Titelseite: ‚*Neues Bühnensternchen bei der Premiere von Strindbergs „Fräulein Julie"! Wird Nina Hoff die zweite Senta Berger?*'

„Hallo München", Titelseite: ‚*Nina Hoff, junge Österreicherin brilliert in der Premiere von Strindbergs Drama Fräulein Julie!*'

„Münchner Wochenanzeiger", Titelseite: ‚*Nina Hoff, herausragend in der Titelrolle von Strindberg Drama „Fräulein Julie"! Österreichs neuer Bühnenstar, 25 Jahre jung, kommt da noch mehr?*'

„Besser kann's gar nicht laufen, net wahr!", sagte ich mir. „Solche Schlagzeilen sind goldwert, das sind zukünftige Wegbereiter. Wenn ich mich zurückerinnere, wie habe ich mich gefreut, wenn die Zeitungen so positiv über mich berichtet haben, es war aber net immer so, gab auch grantige Kritiker, nur keine Sorge."

Diese Woche wollte ich mich bei Fini erkundigen, wie es mit ihrer Arbeit aussieht. „Ach was, ich ruf sie gleich an!", entschloss ich mich spontan.

Sie hob wieder einmal nicht ab, aber „Ich rufe zurück!" stand auf dem *Handydisplay*. „Wie soll das *Handy* des wissen?", fragte ich mich erstaunt.

Es war früher Abend, das *Handy* läutete: „Hallo Hansi-Opa, ich habe gesehen, du hast mich angerufen!"

„Ja, Fini des stimmt, aber wie weiß dein *Handy*, dass du mich zurückrufen wirst?"

„Das ist automatisch so eingestellt", antwortete sie.

„Hansi-Opa, du sprichst jetzt mit der neuen Maskenbildnerin am Theater an der Wien, ich habe die Stelle bekommen. Ich bin überglücklich, denn dir habe ich diesen Job zu verdanken, Bussi, Bussi, danke!"

„Mein Gott, das freut mich für dich, liebe Fini! Wie gefällt es dir denn dort?",

„Sehr nette Leute, auch die Schauspieler sind sehr freundlich, einige ein wenig reserviert, aber das ist halt so", erzählte sie und fragte dann: „Sag, wie sieht es bei Nina aus, du warst ja mit Max dort?"

„Nina hat die Rolle großartig gespielt und wurde mit *Standing Ovations* vom Publikum bedacht. Auch die Presse berichtete sehr positiv über die Premiere und auch über Nina."

„Genial, ich werde sie am Wochenende anrufen. Kommst du uns auch wieder einmal besuchen?"

„Ja gerne, ich melde mich bei euch, alles Liebe, auf Wiederhören, Fini!"

Halt, das Telefon läutet schon wieder – der Wiggerl ist es!

„Servus Wiggerl", begrüßte ich ihn, „wie geht's dir?"

„Hallo Hans, mir geht es gut, danke, hoff dir auch?"

„Ja, stimmt alles", war meine Antwort.

„Stell dir vor, der Roger hat mich angerufen!"

„Ja, was spricht er, ist was geschehen?", fragte ich.

„Ja, so kann man's nennen, lieber Hans, aber im positiven Sinn. Rogers Ehefrau Emily hat im *Internet* über die Premiere von „Fräulein Julie" gelesen und auch die *Headlines* in den lokalen Printmedien gesehen. Sie war so angetan von den Berichten über Nina, dass sie sofort sagte:‚Roger, wir brauchen das *Casting* nicht mehr. Nina Hoff ist augenscheinlich ein Schauspiel-Jahrhundert-Talent. Jetzt heißt es handeln, bevor sie ein anderes Engagement bekommt, und davon wird sie zahlreiche erhalten. Also, bitte, ruf sofort deinen Wiener Freund, den Wiggerl, an, er soll das Fräulein Nina so schnell wie möglich zu einem Engagement-Vertragsgespräch zu uns nach Hamburg einladen!

Ich habe gelesen, dass bis Ende Juni wöchentlich zwei Aufführungen von diesem Theaterstück geplant sind – jeweils am Dienstag und am Freitag. Sie könnte also am Samstag per Flug an- und am Sonntag wieder abreisen. Die Flug- und Aufenthaltskosten übernehmen natürlich wir'.

Roger fragte noch: ,Was sagst du dazu?'"

„Lieber Hans, wann fliegen wir?"

„Was heißt, *wann fliegen wir*, ich bin ja nicht Ninas Chef, ich muss sie schon zuerst fragen!", antwortete ich etwas ungehalten.

„Das ist mir schon klar", antwortete Wiggerl. „Lass bitte auch meinen Vertrag mit Nina von deinem Anwalt durchschauen. Den müssen wir auch noch vorher unterzeichnen, Nina und ich."

„Des mach ich, Wiggerl, also, bis später, auf Wiederhören."

„So, morgen ist Freitag, da hat Nina wieder Aufführung", erinnerte ich mich, „also rufe ich sie gleich am Samstag an!

Max ruf ich aber jetzt sofort an", war ich überzeugt, „und frage ihn, was er dazu meint. Er ist nunmehr der Liebhaber von Nina.

Also, was ich in den vergangenen Wochen zusammentelefonierte, das hatte ich früher des ganze Jahr net telefoniert – na ja, so ist die heutige Zeit halt!

Jetzt ist's schon halb zehn Uhr, zu spät, Max ruf ich morgen früh an!", nahm ich mir vor.

„Guten Morgen Max, ich bin's, der Hansi-Opa!"

„Ich habe dich gleich an der Stimme erkannt, auch guten Morgen, was kann ich für dich tun?", fragte er mich.

Da erzählte ich ihm vom Gespräch mit Wiggerl und fragte nach seiner Meinung, das Engagement-Gespräch in Hamburg betreffend. Auch wegen der Durchsicht des Vermittler-Vertrages zwischen Wiggerl und Nina, durch seinen Anwalt.

„Also, Hansi-Opa, jetzt der Reihe nach, zu meinem Verständnis: Das Angebot für ein persönliches Gespräch über ein Engagement in Hamburg finde ich genial. Geht es dabei um die weibliche Hauptrolle in der zehnteiligen Kriminalkomödien-Serie, wie heißt sie schnell?", fragte er.

„Kavaliersdelikt", antwortete ich, „ja genau, darum geht es."

„Nina kann dabei nur gewinnen, ich würde an ihrer Stelle hinfahren", so Max. „Den Vermittlervertrag komme ich bei dir heute noch holen, wenn's dir recht ist, Hansi-Opa. Ich treffe mich morgen nämlich zum Mittagessen mit meinem Freund Ingo, dem Anwalt, er soll den Vertrag gleich durchlesen.

Wenn der Vertrag in Ordnung ist, er darf sich nur auf das eine Engagement beziehen!", erwähnte Max.

„Ja, das tut er", antwortete ich ihm.

„Dann maile ich Nina den Vertrag heute noch, sie hat ihr *Notebook* sowieso bei sich", teilte mir Max mit.

„Ja bitte, das ist großartig, wann kommt der Vertrag dann bei ihr an?", fragte ich, unwissend, was ein *Notebook* ist.

„Der ist in wenigen Sekunden bei ihr, Hansi-Opa, so schnell geht das von *Computer* zu *Computer*!", klärte Max mich auf.

„Alles klar, verstanden, danke und auf Wiederhören." Verstanden hatte ich nichts: „*Von Computer zu Computer*, wie soll denn das gehen?", fragte ich mich.

Am Samstagvormittag rief ich wie geplant Nina an. „Hallo Hansi-Opa!", klang sie fröhlich. „Na, schon so früh auf den Beinen?"

„Ja, ich bin ein Frühaufsteher. Wie geht es dir, wie war die Vorstellung gestern?"

„Wieder ein großer Erfolg, das Publikum war abermals begeistert!",

„Du machst deine Sache großartig. Übrigens, die Schlagzeilen in den Zeitungen waren goldwert. Dein Erfolg hat sich sogar bis Hamburg durchgesprochen!", erzählte ich ihr.

„Ach so, wie das denn?"

„Wiggerl hat mich angerufen!" Ich erzählte Nina die ganze Geschichte über das Vorhaben von Roger und Emily.

„Das ist umwerfend!", rief sie, „hast du Max schon davon berichtet?"

„Ja, aber nur deshalb, weil ich ihn gebeten habe, den Vertrag zwischen dir und Wiggerl von seinem Anwalt prüfen zu lassen, was er heute beim gemeinsamen Mittagessen mit ihm erledigt. Dann wird er dir den Vertrag, wenn alles in Ordnung ist, *mailen*, sagte Max mir. Ob du hinfliegst oder nicht, musst natürlich du entscheiden. Max meinte, dass du bei diesem Gespräch nur gewinnen kannst!"

„Da hat er recht – und was sagst du, Hansi-Opa, fliegen wir hin? Du kommst aber mit, du fliegst von Wien nach Hamburg und ich von München", lud mich Nina ein.

„Ja, wenn du das möchtest? Der Wiggerl kommt bestimmt auch mit, er fliegt dann mit mir zusammen", antwortete ich.

„Ich gebe dir am Sonntag Bescheid, Hansi-Opa, vorher möchte ich noch mit Max darüber sprechen", meinte Nina.

„Mach das bitte, liebe Nina, also dann bis Sonntag, servus."

„Bussi, Hansi-Opa, tschüss!", verabschiedete sie sich.

Sonntag Abend klingelte schon wieder das *Handy*, Nina war dran. „Hallo lieber Hansi-Opa, alles gut bei dir?"

„Ja danke, bei dir auch?"

„Ich werde gefeiert, bin über beide Ohren in Max verliebt, mir geht es nur gut, danke!", so Nina überglücklich.

„Ist das nicht schön, ich freue mich so mit dir und euch, liebe Nina!" Das kam von ganzem Herzen.

„Hansi-Opa, ich habe mit Max über das Engagement in Hamburg gesprochen. Er hat mir auch gesagt, dass er an meiner Stelle hinfliegen würde, und das ist auch meine Überzeugung. Hansi-Opa, wir fliegen nach Hamburg, nächste Woche am Samstag. ‚Man soll Gelegenheiten beim Schopf packen und nichts auf die lange Bank schieben', meinte Max.

Bitte sag dem Herrn Wiggerl, Hirnschall heißt er glaube ich, schöne Grüße von mir. Den Vertrag mit ihm unterschreibe ich vor dem Gespräch in Hamburg mit ihm, er kommt ja hoffentlich auch.

Auf jeden Fall bestehe ich aber darauf, dass auch du mitkommst, schlussendlich habe ich dir, lieber Hansi-Opa, alles zu verdanken, du bist mein Seelenverwandter, mein engster Vertrauter!

Die Goldmanns sollen ein Flugticket zu mir nach München senden, gleich ans Theater zu meinen Händen, und ein Flugticket zu dir oder zu Herrn Hirnschall, für deinen Flug von Wien weg", so Ninas klare Worte.

„Ja, wenn du meinst, das ehrt mich, liebe Nina. Sehr gerne stehe ich dir mit Rat und Tat zur Seite, vier Ohren hören besser als zwei", bestärkte ich unseren Beschluss.

„Genauso ist es!", antwortete sie.

Am darauffolgenden Mittwoch meldete sich Wiggerl telefonisch: „Die Flugtickets für dich, Hans, sind bei mir angekommen, wo treffen wir uns denn?"

„Da gibt es ein nettes traditionelles Café in der Döblinger Hauptstraße, das Döblinger Café, wie wäre es heute am Nachmittag um 16 Uhr?"

„Einverstanden, freu mich, bis später", und schon hatte er aufgelegt, der Wiggerl. „Der hat's immer eilig", dachte ich mir.

Am Nachmittag im Café unterhielten wir uns über das Vorgehen beim Gespräch mit der Familie Goldmann.

„Ich sag's dir gleich, lieber Hans, und das kannst du auch Nina erzählen: Das Regiment bei den Goldmanns führt Emily. Sie kommt aus dem Künstlermetier, der kann man kein X für ein U vormachen, die ist ein Vollprofi mit einem exzellenten Gespür fürs Geschäft."

„Das ist gut so, des mit dem Regiment führen ist mir nichts Neues, war in meiner Ehe net anders. Hören wir uns halt an, was die beiden anzubieten haben. Nina ist völlig entspannt, dieses Engagement in München hat ihr Selbstbewusstsein immens gestärkt!", war meine Meinung.

„Na dann, unser Flug geht am Samstag um 9.55 Uhr direkt nach Hamburg. In zirka eineinhalb Stunden sind wir in Hamburg. Nina kommt bereits eine halbe Stunde vor uns an. Sag ihr bitte, sie soll zum Ausgang gehen, dort wartet angeblich auch der Chauffeur, der uns abholt, mit einer Tafel in der Hand, auf der „Nina" steht."

Nach einer kurzen Pause fragte er: „Alles klar?"

„Ja", antwortete ich.

„Also, dann hol ich dich Samstag um 7.30 Uhr zu Hause ab!"

Bevor wir abgeflogen, rief mich am Vortag noch Max an, wünschte mir einen guten Flug und bat mich, auf seine Nina aufzupassen.

„Ich bin so froh, Hansi-Opa, dass du bei dem Gespräch in Hamburg mit dabei bist. Du hast langjährige Erfahrung, ein Gespür im Umgang mit Menschen. Mir kommt es immer so vor, jedes Mal, wenn ich dich so anschaue, dass dich das Universum zu Nina geschickt hat. Das mag zwar blöd klingen, ist aber meine tiefste innere Überzeugung!", sprach er, ohne jeglichen Zweifel aufkommen zu lassen.

„Ich habe sehr viel darüber gelesen und bin mir mittlerweile im Klaren, dass es im Universum die Möglichkeit gibt, dass Seelen wieder auf Erden in menschlicher Form inkarnieren.

Hansi-Opa, es ist auch kein Zufall, dass Nina und ich uns verliebt haben, zumal wir uns schon jahrelang kennen. Doch geschehen ist es jetzt erst, seit du da bist!"

„Ich bin beeindruckt, lieber Max, möglicherweise ist da was Wahres dran!", antwortete ich nachdenklich.

„Bitte grüß Nina von mir, servus!", verabschiedete sich Max von mir.

Der Flug verlief problemlos, leider war es auf der Strecke durchgehend bewölkt, so konnte man außer Wolken nicht viel sehen.

„In Hamburg regnet es", meldete der Kapitän über den Bordlautsprecher.

Am Flughafen pünktlich gelandet, begaben Wiggerl und ich uns zum Ausgang, von wo uns Nina schon zugewunken hatte. Sie stand neben dem Chauffeur.

Während der Fahrt in die Firmenzentrale unterzeichnete Nina den Vertrag mit Herrn Hirnschall.

„Hansi-Opa", scherzte sie, „so machen die Stars eben ihre Geschäfte!"

Alle lachten!

In der Zentrale empfingen uns Frau und Herr Goldmann. Sie begrüßten uns mit den Worten: „Willkommen in Hamburg, schön dass Sie hier sind. Wenn Sie gestatten, nennen wir uns doch, so wie in Amerika üblich, alle bei den Vornamen!"

„Ich heiße Emily, mein Mann Roger, guten Tag Nina, guten Tag Wiggerl, und wie darf ich *Sie* nennen?"

„Hansi-Opa, bitte, so sagen alle meine Freunde zu mir."

„Willkommen, Hansi-Opa!“, begrüßte Emily mich.

„Wir haben, da es schon Mittag ist, Snacks vorbereiten lassen und können uns auch dabei unterhalten. Anschließend führen wir euch durch unser Unternehmen, auch in die drei Aufnahmestudios.

Im Hotel Le Méridien Hamburg sind für euch die Zimmer reserviert und für 19 Uhr ein Tisch im Restaurant auf den Namen „Goldmann“. Sie sind recht herzlich von uns zum Dinner eingeladen. Der Chauffeur bringt Sie hin.“

Während wir uns von den köstlich schmeckenden Snacks bedienten, erzählte Roger kurz die Handlung der Kriminalkomödien-Serie „Kavaliersdelikt“. Er wollte nicht viel verraten, sagte aber:

„Es handelt sich um eine *Jugendgang*. Größtenteils Jugendliche, Kinder wohlhabender Eltern, die nicht alle seriös zu ihrem Reichtum kamen.

Die Anführerin, sie spielt die weibliche Hauptrolle, ist den Geschäftspraktiken ihrer Eltern auf die Schliche gekommen, musste aber zusehen, wie sie ehrliche, fleißige Menschen zwar legal, aber höchst unseriös abzockten und in die Armut trieben.

Zahlreiche, hoch professionell durchdachte Rachefeldzüge der *Gang*, darunter die Beschädigung von Fahrzeugen, kleine Diebstähle, Kavaliersdelikte, inszenierte Intrigen und so fort, sollen die Eltern dieser *Gang* zum Umdenken bringen.“

„Klingt sehr spannend“, sagte Nina, „und diese weibliche Hauptdarstellerin soll so alt sein wie ich, 25?“

„Ja, das wäre ein ideales Alter“, antwortete Roger.

Gemeinsam führten sie uns anschließend durch die modern eingerichteten Räumlichkeiten der Goldmann-Universal-Studios, so heißt das Unternehmen.

„Hier drehen wir nahezu alle Szenen, die sich in Räumlichkeiten abspielen“, erklärte uns Emily. „Diese heutige Technik der kurzfristigen Möglichkeiten räumlicher Umstellungen, die Wandprojektionen und so weiter hat Roger von seinen

Eltern in Amerika übernommen. Die waren in Amerika damals schon viel weiter als wir hier in Europa.

Nun zu Ihnen, Nina, aber das besprechen wir nicht hier, sondern im Konferenzraum, gleich die nächste Tür, bitte.

Nehmen Sie bitte Platz und bedienen Sie sich beim Kaffee und den weiteren Getränken!", forderte sie uns auf.

„Nina, Ihre Performance in München war beeindruckend, nicht nur, weil die Printmedien so überaus positiv berichteten, sondern weil auch Frau Ritz, mit der ich telefoniert habe, von Ihnen beeindruckt war.

Wenn Frau Ritz sich einmal herablässt, jemanden in höchsten Tönen zu loben und restlos beeindruckt ist von der Professionalität und der Gabe, sich szenenmäßig schlagartig umstellen zu können, dann hat dies Aussagekraft. Ja, Nina, von *Ihnen* hat sie gesprochen. Karla Ritz kommt auch aus dem Varieté-Bereich und war eine umjubelte Tänzerin. Sie betonte noch:‚Ich als deine Freundin darf dir einen guten Rat geben: Engagiere Nina Hoff für deine Serie jetzt, sonst ist sie weg.'

Karla und ich stehen in keinem Konkurrenzverhältnis, im Gegenteil, wir helfen uns gegenseitig, wo es möglich bist.

Dasselbe freundschaftliche Verhältnis besteht übrigens auch zwischen Friedrich und Roger", fuhr sie fort.

„Das ist der Grund, warum wir Sie, liebe Nina, hergebeten haben. Wir wollten Sie unbedingt persönlich kennenlernen.

Wir sind bestrebt, Sie für diese Filmtitelrolle zu gewinnen, und wenn Sie zusagen, sofort zu engagieren, heute noch.

Geplant sind zehn Folgen, beginnen wollen wir Anfang Juli. Karla hat mich darüber informiert, dass ihr Vertrag mit Ihnen am 30. Juni ausläuft. Unsere Dreharbeiten beginnen Anfang Juli und sollen für alle zehn Folgen spätestens bis Mitte September abgeschlossen sein.

Der Vertrag für Ihr Engagement liegt unterschriftsfertig in meinem Büro. Wenn Sie bitte mitkommen, Nina?"

„Emily, Hansi-Opa ist mein engster Vertrauter, wir beide sind seelenverwandt und ich habe ihm in diesem *Business* alles zu verdanken. Wo ich als Schauspielerin hingehe, geht er mit mir!", darauf bestand Nina.

„Aber bitte, selbstverständlich können Sie mitkommen, Hansi-Opa!", antwortete Emily.

Wir sahen den Vertrag kurz durch, es war auf dem ersten Blick nichts Außergewöhnliches festzustellen, bis auf die Gagen. Da hat es mich fast umgeschmissen und ich tat mich schwer, mir nichts anmerken zu lassen. Nina hingegen blieb dabei völlig entspannt.

Da stand: ‚Gage für Frau Nina Hoff:

- für die ersten, abgeschlossenen drei Folgen 35.000 € pro Folge
- für die weiteren drei Folgen 50.000 € pro Folge
- für die letzten vier Folgen 70.000 € pro Folge‘

„Die Ausstrahlung im Fernsehen", fuhr Emily fort, „läuft in Deutschland, Österreich und in der Schweiz bereits im August an, so der Plan."

„Emily", sagte Nina, „wenn Sie gestatten, würde ich gerne den Vertrag noch meinem Verlobten zusenden. Sein Freund ist Anwalt, er schaut ihn sich an."

„Natürlich Nina, mailen wir ihn doch gleich durch. Geben Sie mir bitte die E-Mail-Adresse."

„Hier ist die Adresse, Emily, ich ruf inzwischen Max an."

Nina verließ kurz den Raum, als Max sich meldete.

„Gott sei Dank, Max hat abgehoben", dachte ich mir.

„Liebling, hallo, ich bin's, Nina. Soeben bekam ich den Vertrag für mein neues Engagement in Hamburg. Du bekommst ihn sofort per *E-Mail*. Bitte lass ihn, wenn möglich, sofort von deinem Anwalt durchlesen und gib mir Bescheid, ob ich ihn vor der Rückreise noch unterschreiben kann. Bitte schwärze aber vorher die Gagen, die soll ja außer dir und Hansi-Opa niemand kennen. Muss jetzt wieder in den Sitzungssaal gehen, mein Schatz. Ich liebe dich!"

Als Nina zurück in den Raum kam, teilte Emily ihr mit, dass der Vertrag schon *durch sei*, also erfolgreich gesendet wurde.

„Das ging aber ruckzuck", flüsterte ich Nina ins Ohr.

Sie lächelte und meinte dann: „Es ist erst 15 Uhr, da machen wir anschließend noch einen kleinen Stadtbummel, Hansi-Opa. Das Hotel, hat Emily gesagt, soll ja im Zentrum liegen."

Emily bedankte sich bei uns mit den Worten: „Mit Profis zusammenzuarbeiten, macht Spaß. Ich freue mich sehr, dass Sie, liebe Nina, dem Projekt positiv gegenüberstehen. Sollte es Vertragsänderungen geben, so können wir das heute beim gemeinsamen Abendessen besprechen. Aber machen Sie sich darüber keine Sorgen. Wir schließen generell nur Verträge mit Künstlern ab, wo beide Vertragsteile zufrieden eine Verbindung eingehen!"

„Es hat zu regnen aufgehört, die Sonne scheint, einem Stadtbummel vor dem Abendessen steht also nichts im Wege!", schlug ich vor.

„Ja, das machen wir auch", antwortete Nina. „Danke vielmals. Emily, wir sehen uns also um 19 Uhr und freuen uns schon drauf!"

„Darf Sie jetzt unser Chauffeur ins Hotel bringen?", fragte uns Emily.

„Ja gerne", antworteten wir.

Das Hotel war first class, wir brachten schnell unser Gepäck in die Zimmer und trafen uns für den Stadtbummel 20 Minuten später in der Hotel-Lobby.

„Liebe Nina, lieber Hans", sprach Wiggerl uns an, „ich möchte euch, bevor wir losgehen, an die schöne Hotelbar auf ein Glas Champagner einladen. Auf diesen sich anbahnenden Erfolg müssen wir anstoßen!"

„Gerne, also, ab an die Bar!", freute sich Nina. Nachdem wir auf uns angestoßen hatten, entschuldigte sich Wiggerl kurz, da sein *Handy* klingelte.

Nina warf inzwischen einen Blick in die Getränkekarte. „Hansi-Opa, weißt du, was ein Glas *Dom Perignon* hier kostet? Diesen Champagner trinken wir gerade!"

„Ja, der wird nicht billig sein, 20 oder 30 Euro wird ein Glas schon kosten", antwortete ich. „Der war immer schon teuer!"

„Hansi-Opa, 69 Euro kostet ein Glas – schau, hier steht's! Aber woher weißt du, dass der immer schon teuer war?"

„Habe ich wo gehört!", antwortete ich verlegen.

„Wiggerl kommt!", flüsterte sie mir ins Ohr. „Prost, Herr Wiggerl, danke für die Einladung! Prost, Hansi-Opa, lassen wir uns das edle Getränk munden!", erhob Nina das Glas zum Anstoßen.

Anschließend spazierten wir die Geschäftsstraße entlang. „Hochwertige und hochpreisige Läden gibt es hier", dachte ich bei mir.

Nina hängte sich bei mir ein und meinte: „Hansi-Opa, ich spür den Champagner schon im Kopf, du musst jetzt aufpassen auf mich!"

Wir kamen an einen Platz, da spielten Straßenmusikanten, wie bei uns in Wien. Wir hörten ein wenig zu, da fragte uns einer der Musiker: „Deutsch? Sind Sie von hier?"

„Nein", antwortete ich, „wir kommen aus Österreich, aus dem schönen Wien!"

„Dann, wir werden spielen für junge Dame *eine Walzer* aus Wien!". Die Musiker waren *Zigeuner*, möglicherweise aus Ungarn.

„An der schönen blauen Donau", unseren Donauwalzer, stimmten sie an und Nina forderte mich auf: „Hansi-Opa, bitte tanz mit mir!"

Das ließ ich mir nicht zweimal sagen und nahm sie in die Arme. „Hansi – Opa, du bist ein genialer Walzer-Tänzer, wie du mich führst, ich bin ja so glücklich mit dir und mit Max. Ist die Welt nicht schön?", schwärmte sie.

„Mit dir ist die Welt schön, liebe Nina, nur mit dir!", wurde ich ein wenig sentimental.

„Du und Max, ihr habt euch gefunden. Wie Max stets betont, alles vom Universum gelenkt!"

„Egal, von wem gelenkt", antwortete sie, „Hauptsache wir haben uns!"

Der Walzer klang aus und einige Leute, die uns beim Tanzen zugesehen hatten, applaudierten sogar. Wiggerl gab den Musikern 20 Euro, diese bedankten sich überschwänglich.

Wir gingen noch ein Stück weiter die Fußgängerzone entlang und Nina fragte, ob sie uns auf einen Kaffee einladen dürfe.

Die Einladung nahmen wir gerne an und setzten uns gleich ins nächste Café, in die Caffetteria Italiana.

„*Buonasera signore e signori*, nehmen Sie Platz, bitte, dieser Tisch ist frei!“, begrüßte uns der Kellner. „*Cosa posso portare*, was darf ich bringen?“

Nina antwortete: „*Buonasera. Per me per favore un latte macchiato*, und was trinkt ihr?“, fragte sie uns beide. „Ich nehme eine Melange und ich einen Espresso“, sagte Wiggerl. „*Allora, e per i signori un espresso e un caffè lungo.*“

„*Bravissimo, la signora parla un italiano perfetto*“, so das Kompliment des Kellners.

„*Grazie, sto imparando l'italiano al ginnasio*“, antwortete Nina.

„Nina, wo hast du Italienisch gelernt?“, fragte ich sie.

„Im Gymnasium, habe ich gerade dem Kellner gesagt“, antwortete sie. „Max hatte Französisch gewählt.“

„Großartig! Kompliment!“, kam es von uns beiden.

Anschließend spazierten wir wieder zurück ins Hotel und ruhten uns kurz aus.

Nina erzählte mir abends auf dem Weg ins Restaurant, dass sie, als sie ins Zimmer kam, sich sofort die Schuhe ausgezogen und im großen Bett Luftsprünge vor Freude gemacht machte. „Weißt du, Hansi-Opa, ich muss halt immer meiner Freude Ausdruck verleihen. Noch etwas hätte ich beinahe vergessen: Max hat mir vorhin eine *SMS*, eine Textnachricht, aufs *Handy* geschickt: ‚Vertrag geprüft, alles okay, rasch unterschreiben!, hat er geschrieben.“

„Gratuliere, was eine *SMS* ist, hätte ich eh nicht gewusst!“, gab ich ihr zur Antwort.

„Immer des neue *Glumpert*, weil's wahr ist“, dachte ich mir.

Im feudalen Restaurant wurde Nina der Platz gegenüber Emily angeboten. Mir saß Roger gegenüber – Wiggerl setzte sich an das Kopfende des Tisches.

Nationale und internationale Gerichte, alles Erdenkliche vom Fleisch sowie ein reichhaltiges Angebot an Fischen und Meeresfrüchten füllten das Buffet.

Roger begrüßte uns und fragte, ob wir mit einem Glas Champagner anstoßen wollten. Ninas Gegenfrage war: „Vielleicht auf unser erfolgreiches Vertragsgespräch?"

„Ob es erfolgreich war", so Roger, „das werden *Sie* uns sagen müssen, liebe Nina!"

Nina erhob sich mit den Worten: „Liebe Familie Goldmann, das Vertragsgespräch *war* erfolgreich und ist ab heute die Basis für unsere Zusammenarbeit. Den Vertrag mit Ihnen unterschreibe ich noch hier im Hotel!"

Wir standen alle abrupt auf und Emily ging auf Nina zu, umarmte sie, küsste sie auf beide Wangen und sagte: „Willkommen, liebe Nina, in unserem Team! Unsere Familie freut sich auf die Zusammenarbeit mit Ihnen. Sehr zum Wohl!" Alle am Tisch hoben das Glas und wir prosteten einander zu.

Nachdem wir reichlich das hervorragende Essen vom Buffet genossen hatten, erzählte uns Emily von ihren Jahren im Varieté Goldmann. Sie schilderte uns, dass die beiden Goldmann-Brüder ein Herz und eine Seele waren: „Die Aufgaben teilten sie strikt auf. Rogers Vater überwachte die Finanzen und sein Bruder Chayim leitete das operative Geschäft. Ihm unterstanden alle Künstler, er wählte die Regisseure aus und bestimmte die Aufführungen für das Varieté und das Theater. Wenn man so will, war Chayim auch *mein* unmittelbarer Chef.

Chayim war ein Mensch, der das Unternehmen als Familie sah, darunter einen bedingungslosen Zusammenhalt verstand, wo jeder sich für jeden einzusetzen hatte. ‚Die Familie ist der Sockel, auf dem Erfolge aufgebaut werden', war stets seine Devise.

Es herrschte Harmonie in all den Jahren meiner Zusammenarbeit mit ihm, oder besser gesagt unter seiner Leitung. Bis es zu dem schrecklichen Malheur im Jahr 1956 kam, als das Luxusschiff „Andrea Doria" vor der Küste New Yorks mit einem schwedischen Kombischiff, das ist ein Fracht- und Passagierschiff zugleich, kollidierte und sank. Chayim, seine Frau und die Tochter waren an Bord, keiner von ihnen hat das Unglück überlebt.

Sein Bruder David, der jetzige Alleininhaber des Unternehmens, verkraftete diese Tragödie nie, bis heute nicht. Er wusste, wie hilflos er ohne Chayim war, und dass er keine Ahnung von den Aufgaben seines Bruders hatte und, noch schlimmer, auch keine Lösung dafür fand.

David wurde ein anderer Mensch, keine Spur von Warmherzigkeit war mehr zu erkennen, eisige Kälte strahlte er aus, seine zunehmende Aggressivität war furchterregend. Das war schlussendlich der Grund, warum Roger und ich nach Deutschland zurückkehrten.

Im Gedächtnis geblieben ist mir dennoch bis heute die wichtigste Verhaltensregel, die uns Chayim vorgegeben, vorgelebt und mitgegeben hat. Sie heißt: Familienzusammenhalt.

Auch Sie, liebe Nina, sind jetzt Teil unserer Familie. Mein Mann und ich leben diese Lebenseinstellung, den Familienzusammenhalt!"

„Ergreifende Worte, Emily, und berührend! Schön, so etwas von Ihnen zu hören, dass Sie diese wertvolle Familientradition weiterleben lassen in Ihrem Unternehmen. Hochachtung!“, so meine Worte der Anerkennung.

Emily holte sich noch ein Dessert vom Buffet, während Nina mir ins Ohr flüsterte: „Hansi-Opa, ich habe schon ein bisserl einen Schwips, pass auf mich auf, hab dich lieb!“

„Freilich, liebe Nina, möchtest du vielleicht noch einen Kaffee und ein Glas Wasser? Ich bring dir beides!“, sagte ich.

„Ja bitte!“, antwortete sie.

Nachdem sie Kaffee und Wasser getrunken hatte, ging es ihr gleich besser, daher nutzte sie die Gelegenheit und fragte Emily: „Wollen wir jetzt den Vertrag unterzeichnen, bevor ich zu beschwipst bin, haben Sie ihn dabei?“

„Ja natürlich!“, antwortete Emily lächelnd.

„Der Champagner und der Wein sind hervorragend, aber ich vertrag ja nichts, ich trink fast nie Alkohol!“, bedauerte sich Nina selbst.

„Das macht doch nichts, liebe Nina, gehen wir kurz raus und erledigen das“, forderte Emily sie auf.

„Damit wir nach dem Zurückkommen wieder mit Champagner anstoßen können?“, scherzte Nina.

Die Sache ging rasch über die Bühne und wir stießen tatsächlich auf die Vertragsunterzeichnung an. Nina diesmal mit Mineralwasser.

Der ganze Tag und der Abend waren wunderschön. Gegen Mitternacht löste sich die Gesellschaft auf.

Nina, Wiggerl und meine Wenigkeit frühstückten am nächsten Morgen noch gemeinsam um neun Uhr. Nina musste um 14.30 Uhr und wir um 15 Uhr zurückfliegen. So konnten wir aber noch gemeinsam mit dem Taxi zum Flughafen fahren.

Schweren Herzens nahmen wir am Flughafen von Nina Abschied, insbesondere ich. Nina dankte nochmals Wiggerl, denn ohne ihn, wie sie meinte, hätte es das Zusammentreffen mit den Goldmanns nicht gegeben. Wiggerl freute sich sehr über Ninas Worte. „Er ist eh ein „gerader Michl“, wie man bei uns sagt“, dachte ich mir.

Auf dem Heimflug schlief ich tief und wachte erst kurz vor Wien auf. Diesmal wäre es während des ganzen Fluges wolkenlos gewesen, erzählte mir Wiggerl nach dem Landen. Schade, aber was soll's, Hauptsache, wir waren gut gelandet.

Montag Abend meldete sich Nina telefonisch bei mir und berichtete, dass Karla Ritz zu ihr in die Garderobe gekommen wäre, sie umarmt und beglückwünscht hätte. „Emily hat Karla gleich in der Früh angerufen, um ihr die freudige Mitteilung zu machen, dass ich den Vertrag bei ihnen unterzeichnet habe. Sie hat zu mir gesagt: ‚Nina, das ist für beide Seiten ein Geschenk, für Sie und für die Goldmanns. Glauben Sie mir, Emily ist aus dem gleichen Holz geschnitzt wie ich. Ihr beide werdet euch prächtig verstehen und ihr Mann Roger ist auch ein wunderbarer Mensch'."

„Da hat ja der Tag für dich schon hervorragend begonnen. Glückwunsch, liebe Nina!", gab ich ihr zur Antwort.

„Und, was machst du in dieser Woche, lieber Hansi-Opa?" „Ich werde morgen" –, sie unterbrach mich und fuhr fort: „Max anrufen und ihm über das Zusammentreffen mit den Goldmanns berichten, und dass die kleine Nina vor lauter Anstoßen auf den Erfolg ein bisschen beschwipst war, aber der liebe Hansi-Opa gut auf sie aufgepasst hat!"

„Das mit dem beschwipst sein soll ich ihm auch erzählen?", war meine Frage. „Ja, warum denn nicht, ist doch nichts dabei, war ja so!", rief Nina bestimmend.

In dieser Woche führte ich fortwährend Telefongespräche. Außer Max rief ich noch die Bruckmüllers an, auch die Fini, ja sogar den Portier vom Theater in der Josefstadt, der war aber telefonisch nicht erreichbar. „Na, wenn er nicht erreichbar ist, dann fahr ich eben am kommenden Freitag zu ihm hin und lade ihn zum Heurigen ein. Er war es ja, der mir all die Kontakte ermöglicht hatte, die zu Ninas und Finis Erfolg führten. Dafür möchte ich mich bei ihm persönlich bedanken", dies nahm ich mir gedanklich vor.

Am Freitag fuhr ich also mit der Straßenbahn in die Josefstadt. Na klar, wie sollte es denn anders sein. „Herr Moser, Gott zum Gruß, was führt denn Sie schon wieder zu uns, wollen S' doch eine Rolle bei uns ergattern?", rief der Portier mir unüberhörbar zu.

„Hören S' auf mit dem Blödsinn! Fragen möchte ich Sie was, net wahr, nur fragen", antwortete ich.

„Na, dann schießen S' los", sprach er. „Herr Julier bitte!", unterbrach ich ihn. „Also gut, Herr Julier, meinetwegen", ließ er sich herab.

„Einladen möcht ich Sie, ja, Sie haben schon richtig gehört, ich möchte Sie zum Heurigen einladen!"

„Und wie komme ich zu dieser Ehre?", fragte er mich erstaunt.

„Das erzähl ich Ihnen alles beim Heurigen. Sie waren nämlich der Grundstein für den Erfolg meiner zwei Madln und dafür möchte ich mich bei Ihnen revanchieren."

„Heute und morgen habe ich Dienst, am Sonntag wäre es möglich. In welchen Heurigen wollen Sie denn mit mir gehen?"

„Na, in welchen wohl, dort wo alles begann!", erwiderte ich.

„Ach ja, zum Schübel-Auer, da waren Sie ja schon!", besann er sich.

„Ganz genau, Herr Portier, aber, wie heißen Sie denn?"

„Gottfried Kobler, Sie können ruhig „Friedl" zu mir sagen."

„Danke, ich bin Johann."

„Also Hans", ergänzte er.

„Ja genau, und wann ist's dir recht, Friedl?"

„Um 16 Uhr wäre es mir angenehm, um die Zeit kommt schon ein bisserl der Hunger auf und die haben ja dort ein hervorragendes Buffet."

„Abgemacht, Friedl, also bis Sonntag um 16 Uhr beim Schübel-Auer!"

„Ist schon bestätigt und danke für die Einladung!", antwortete er erfreut.

Mittlerweile kannte ich den Weg zum Schübel-Auer schon, daher war ich am Sonntag um 16 Uhr pünktlich dort.

Friedl wartete schon vor dem Eingang auf mich, also gingen wir hinein. Zu dieser Zeit war es noch kein Problem, einen freien Tisch zu finden.

Ich bestellte für uns bei der freundlichen Kellnerin einen halben Liter Riesling und eine Flasche Mineralwasser dazu.

„Also, prost Friedl, danke, dass du gekommen bist!"

„Ist ja Ehrensache! Danke noch mal für die Einladung", erwiderte er.

Ich erzählte ihm die ganze Geschichte über Nina und auch Fini, und dass all diese Termine nicht zustande gekommen wären, hätte er mir nicht die Kontakte vermittelt.

Friedl war perplex, dass es solche Zufälle gibt.

„Halt, da muss ich dich verbessern. Zufälle gibt es nicht, das sind alles Bestimmungen, von oben geführt!", so mein Einwand.

„Was heißt von *oben geführt*, von unseren Chefs?", fragte Friedl erstaunt.

„Net von euren Chefs", erwiderte ich, „vom Universum, natürlich!" „Und wieso weißt du das, warst' schon dort?"

„Ich weiß es halt!"

Mit den Worten: „Ja genau, Hans, wer's glaubt, wird selig!", lachte er mich aus.

Wir nahmen uns schmackhafte Sachen vom Buffet und bestellten uns noch ein Halberl Riesling dazu.

„Hans, kannst du dich an den David Dohle erinnern, den Filmproduzenten in Berlin? Der kommt nächste Woche zu uns.

„Der Bockerer" wird in unserem Theater uraufgeführt und steht bis Ende Juli auf dem Programm.

Von unserem Regisseur, dem Herrn Kippler, Horst Kippler heißt er, ein ganz netter Mensch, er plaudert nämlich immer mit mir. Von ihm erfuhr ich, dass Herr Dohle wegen der jungen, weiblichen Hauptdarstellerin hier ist. Utte Merth heißt sie, ist so Mitte 30, sehr hübsch, kommt aus Augsburg in Deutschland. Sie spielt in dem Stück die Elisabeth und die möchte er sich genau anschauen."

„Geh, Friedl, kannst du mir net auch eine Karte für das Stück besorgen, natürlich gegen Bezahlung."

„Willst du neben ihm sitzen, zufällig, versteht sich? „Das kann ich arrangieren! Oder kennt ihr euch sogar?"

„Na klar", gab ich zur Antwort. „Wir waren zusammen im Heurigen!"

„Na also dann habt ihr eh Gesprächsstoff genug. Wenn er ‚So ein Zufall, Herr Julier, Sie hier zu treffen!' zu dir sagt, dann kannst du ihm erwidern:‚Bestimmung ist das, Herr

Dohle, vom Universum gelenkt, Zufälle gibt es nämlich nicht!‘, hi, hi, hi“, kicherte Friedl.

„Gib mir deine Telefonnummer, ich ruf dich an, sobald ich weiß, wann er die Aufführung besucht, und wo er sitzt. Den Rest erledige ich.“

„Vergelt's Gott, ich habe immer gesagt, zu dir, Friedl, hat mich das Universum geführt.“

„Ach so, mit einer Kutsche oder einer Limousine, mit was fahren denn die oben im Universum?“, hänselte mich Friedl.

„Du wirst auch net g'scheiter, aber schon noch darauf kommen!“, antwortete ich dem Ungläubigen.

„Hans, du bist ein ganz Netter, immer grad heraus, das mag ich. Jetzt werden wir uns aber auf den Heimweg machen, was meinst du?“, fragte er mich.

„Das machen wir“, bestätigte ich. „Auch du, Friedl, bist ein liebenswerter Mensch. Es war sehr nett mit dir und danke noch mal für alles, was du für uns getan hast und tust, des mit der Theaterkarte, meine ich.“

„Wir sehen uns!“, rief mir Friedl lachend zu, stieg in sein Taxi und ich in meines.

Während der Heimfahrt fiel mir ein, dass ja jeden Donnerstag dieses gemeinsame Treffen von den Theater- und Filmchefs im Schübel-Auer stattfindet.

„Da werde ich den Wiggerl aushorchen, vielleicht weiß er schon, ob das Treffen überhaupt stattfindet und ob der Dohle auch dabei ist.

Morgen, Montag Nachmittag ruf ich ihn an“, nahm ich mir vor.

Am Dienstagvormittag klingelte mein *Handy*. Es war Friedl: „Guten Morgen, Hans, ganz kurz, hör zu. Der Dohle besucht die Vorführung morgen, am Mittwoch, und sitzt in der vordersten Reihe und du neben ihm. Deine Karte liegt bei mir in der Portierloge. Ich habe an diesem Abend sowieso Dienst.

Einlass ist um 19 Uhr, das Theaterstück beginnt um 19.30 Uhr. Viel Spaß!“

„Danke vielmals, Friedl, die Karte bezahle ich bei dir direkt am Schalter.

„Schon in Ordnung, die Premierenkarte kostet 83 Euro im ersten Rang. Also, bis morgen, auf Wiederhören“, verabschiedete sich Friedl.

Danach rief ich den Wiggerl an. Es läutete, er hob ab mit den Worten: „Guten Tag, wir vermitteln keine alten Schauspieler, denen es langweilig ist. Servus, Hans!“

„Na, du bist mir einer, alte Herren hänseln, das schaut dir ähnlich. Wiggerl, servus, wie geht es dir?“

„Gut, danke! Hör zu, Hans, ich wollte dich auch gerade anrufen. David Dohle, du kennst ihn ja, er ist der Filmproduzent, Major-Berlin-Pictures, weißt eh, der diese *Revival*-Filme dreht. Er ist in Wien und kommt am Donnerstag zu unserem Heurigentreffen zum Schübel-Auer. Kommst du mit?“

„Ja, gerne, wenn es euch nicht stört?“

„Ganz im Gegenteil, du bist immer willkommen. Ich hol dich am Donnerstag um 18 Uhr bei dir zu Hause ab, also, bis dann.“

Und schon aufgelegt, weg war er!

Dass ich vom Dohle-Besuch bereits wusste, sagte ich ihm jedoch noch nicht.

Für Mittwochabend machte ich mich fesch, fuhr diesmal sogar mit dem Taxi in die Josefstadt.

Friedl begrüßte mich von der Portierloge aus, Gott sei Dank nicht mit Hans Moser, sondern mit: „Guten Abend, Hans! Da ist die Karte!“, und reichte sie mir.

„Da sind die 83 Euro, danke vielmals, Friedl!“

„Viel Vergnügen! Hoffentlich hast du einen netten Sitznachbarn!“, scherzte er.

Ich trank noch an der Bar im Foyer ein Mineralwasser und ging dann um zehn vor halb acht hinein und zu meinem Sitzplatz. Der Platz links von mir war noch frei, rechts saß eine attraktive ältere Dame.

Das Licht im Saal erlosch, die Bühne erstrahlte im hellen Licht. Da zwängte sich jemand in meiner Reihe durch und nahm neben mir Platz. Es war Herr Dohle, aber er erkannte mich im Dunkeln nicht.

Den „Bockerer“ habe ich schon x-mal im Theater und im Kino gesehen. Hier saß ich nur wegen dem Herrn Dohle und der jungen Schauspielerin, die er sich ansehen wollte, ich übrigens auch.

Der erste Teil war zu Ende, das Licht ging wieder an im Saal, plötzlich sah mir Herr Dohle direkt ins Gesicht.

Genau wie Friedl es vorausgesagt hatte: „Ja, guten Tag Herr Julier, oder Herr Moser oder Hans, wie hätten wir es denn gerne, ist das Vorsehung, dass wir beide uns hier treffen?“, begrüßte er mich.

„Ja bestimmt! Freu mich, dich zu sehen, David, wir sind ja per Du seit dem letzten Mal, nicht wahr!“, antwortete ich.

„Und ob“, erwiderte er. „Gehen wir hinaus! darf ich dich auf ein Glas Sekt einladen?“

„Gerne!“, antwortete ich und suchte einen Platz, während David die Getränke bestellte.

Als sich David mit zwei Gläsern Sekt zu mir setzte, fragte ich ihn, wie ihm das Theaterstück gefalle.

„Ausgezeichnet!“, antwortete er und lenkte das Gespräch schnell mit einer Frage an mich: „Was gibt es Neues bei dir?“

„Sehr viel, David, sehr viel!“

„Dann schlage ich vor, du kommst am Donnerstag mit uns gemeinsam zum Heurigen, dort, wo wir uns zum ersten Mal getroffen haben. Und dann erzählst du mir alles, ich bin schon sehr neugierig!“, lud David mich ein.

„Vielleicht drehen wir doch noch einen Film zusammen, mit dir als Hans Moser in der Hauptrolle. Eine Partnerin für dich müssen wir noch finden, vielleicht sogar deine Nina. Ich habe da so eine Idee im Kopf!“

„Bist du wegen so einer Partnerin hier, spielt sie gar im „Bockerer“ mit?“, war meine Frage.

„Ja Hans, unter anderem bin ich auch wegen ihr hier. Die Schauspielerin, welche die Rolle der Elisabeth spielt, wurde mir von Paul Mirkowitsch, dem Artdirector von hier, empfohlen. Aber den kennst du ja auch?“, gab er mir zur Antwort.

„Na, dann ...“, murmelte ich.

Auf der Fahrt mit dem Wiggerl am Donnerstag zum Heurigen wollte ich ihm vom Treffen mit David Dohle erzählen. Nicht notwendig, denn das Erste, was Wiggerl mir sagte, war: „Den David Dohle hast du im Theater getroffen, hat er mir heute Vormittag telefonisch berichtet."

„Ja, ich wollte mir den „Bockerer" wieder einmal im Theater anschauen, da die Rollen sehr prominent besetzt waren", so meine Antwort.

„Ach so, hat dich vielleicht eine Rollenbesetzung besonders interessiert?", fragte er mich.

„Wieso denn?", erwiderte ich.

„Weiß ich nicht, sag du es mir!", konterte er. „David wollte sich die Elisabeth anschauen, mit der hat er vielleicht etwas Filmtechnisches vor. Hast du eine Ahnung, was er vorhat?", schaute er mich fragend an.

„Warum, sollte ich?"

„Na ja, wir können ihn eh heute Abend fragen!", so Wiggerl.

Am Tisch im Heurigen Schübel-Auer saßen nur Friedrich und David. „Paul Mirkowitsch", erklärte David, „lässt sich entschuldigen. Er hat mir gestern nach der Aufführung noch Bescheid gesagt."

Also waren wir mit dem Wiggerl zu viert.

„Schön, dass wir uns wiedersehen, es gibt ja sicherlich einiges zu berichten!", ergriff Wiggerl das Wort. „Jetzt stoßen wir aber zuerst auf unser gemeinsames Wiedersehen an. Prost, meine Herren!". Er erhob das Glas.

„Also, was gibt es Neues zu berichten, wer möchte den Anfang machen?", fragte Wiggerl dann in die kleine Runde und schaute dabei mich an.

Da meldete sich Friedrich zu Wort. „Darf ich?", fragte er auch mich. „Warum schaut ihr mich denn so groß an? Ich bin ja nicht euer Lehrer!", entrüstete ich mich etwas.

„Du bist aber die Person, um die sich unsere Neuheiten drehen, du und deine süße Nina!", erwiderte Friedrich.

„Ach so, ja, wenn du meinst!", antwortete ich erleichtert.

Friedrich erzählte die ganze Geschichte von Beginn an, von Ninas Vorsprechen im Deutschen Theater bis zur Premiere, in der sie das Fräulein Julie spielte. Er fand nochmals überaus lobende Worte über die Ninas Professionalität in dieser Rolle und schilderte auch die Schlagzeilen in den regionalen Printmedien.

„Friedrich, du hast einen Star aus Nina gemacht!", gratulierte David.

„Wart ein bisserl, David, vielleicht wird sie sogar ein Filmstar?", ergänzte Friedrich.

„Hans, magst du jetzt weitererzählen?", fragte er mich.

„Wenn du meinst Friedrich, gerne!", antwortete ich.

„Da muss ich aber schon auch den Wiggerl mit ins Boot holen", bemerkte ich, „denn ohne ihn wäre sein Freund Roger Goldmann gar nicht zur Premiere erschienen. Geh bitte, Wiggerl, erzähl doch du von deiner freundschaftlichen Verbindung mit Roger, du kennst ihn ja besser!", gab ich das Wort an ihn weiter.

Wiggerl berichtete ausführlich über die Familie Goldmann, auch wie es zu Ninas Einladung nach Hamburg zum Gespräch über eine Filmtitelrolle in der von den Goldmanns geplanten Kriminalkomödien-Serie „Kavaliersdelikt" kam.

„Jetzt bist wieder du dran!", übergab mir Wiggerl abermals das Wort.

„Also, den Grundstein für dieses Gespräch in Hamburg hast du, Friedrich, mit deiner.Partnerin Frau Ritz gelegt. In einem Telefonat mit Emily Goldmann, keiner von uns wusste, dass die beiden Damen sich kannten, ja, sogar befreundet sind, hat Karla Ritz ihre Freundin Emily Goldmann von Ninas Können, ihrer Ausstrahlung und ihrer Professionalität überzeugt", verkündete ich ihnen mit Stolz.

„Emily legte daraufhin Nina noch in Hamburg den unterschriftsfertigen Vertrag für die weibliche Titelrolle vor, den beide mit Freude unterzeichneten", fügte ich hinzu.

„Das ist ja großartig!", kam es von David Dohle. „Warum ist das denn alles an mir spurlos vorübergegangen? Auch ich hätte mir gerne dieses Theaterstück, „Fräulein Julie“, mit Nina angesehen!“

Da hakte Friedrich ein: „Das kannst du noch immer machen! Flieg morgen früh mit mir zusammen nach München, schau dir am Abend die vorletzte Vorstellung dieses Stückes in dieser Woche an. Tags darauf fliegst du wieder zurück nach Berlin.“

„Gute Idee, Friedrich, das machen wir. Ich ruf schnell meine Sekretärin Linda an, sie ist sicher noch im Büro und kann mir die Flüge buchen“, sagte David.

„Da staune ich nur so, bei euch geht alles ruckzuck!“, warf ich ein.

„Ja, lieber Hans, Flexibilität fordert die schnelllebige, heutige Zeit von uns allen!“, fügte Wiggerl hinzu.

„David, mich interessiert, wie dir das Mädchen in der Rolle der Elisabeth gestern gefallen hat“, fragte ich ihn, als er vom Telefonieren zurückkam.

„Eine bezaubernde Person, muss schon sagen, sie hat ihre Rolle sehr gut gespielt“, meinte er. „Aber die Rolle der Elisabeth ist eine klassische Nebenrolle, die leider nicht allzu viel schauspielerische Aussagekraft hat, zumindest für mich. Im Film „Der Bockerer“ hat mich die Schauspielerin, welche die Elisabeth spielte, mehr überzeugt als die im Theater. Aber Theater und Film, das sind bekanntlich zwei komplett unterschiedliche Genres! Was meinst du, Hans?“

„Da stimme ich dir zu, das sind wahrlich zwei verschiedene Paar Schuhe.

Schau dir doch Nina morgen Abend an, dann kannst du vergleichen und entscheiden, ich bin als ihr Hansi-Opa ja sowieso voreingenommen. Ein Urteil von mir wäre nicht wertfrei.“

„Wer kann das denn besser als *du* beurteilen, Hans!“, warf David ein.

„Der lässt nicht locker, immer diese Andeutungen“, dachte ich mir.

Beim Verlassen des Heurigen zog mich David zur Seite und sprach leise zu mir: „Lieber Hans, darf ich dich, wenn ich wieder in Berlin bin, anrufen, ich sag dir jetzt, warum. Zuerst schau ich mir morgen Nina live an, wenn das tatsächlich alles zutrifft, was ich von euch über sie zu hören bekam, dann setzen wir uns gemeinsam mit Nina in Berlin zusammen und machen Nägel mit Köpfen."

„Ja, wenn du meinst, David, danke im Voraus."

Am nächsten Tag rief schon um acht Uhr Wiggerl bei mir an: „Hans, ich muss mit dir was besprechen!"

„Ich weiß", antwortete ich.

„Was weißt du?", war seine Gegenfrage.

„Du willst wissen, wann wir mit dir den Vermittlungsvertrag machen für den Fall, dass mit dem David ein Projekt zustande kommt", stellte ich ihn vor die vollendete Tatsache.

„Ach so, ja, das auch", erwiderte er.

„Und was gibt es dann noch?"

„Das war's eigentlich eh, im Moment fällt mir nichts weiter ein!", kam es etwas perplex von ihm.

„Hör zu, Wiggerl, jetzt warten wir einmal ab, was der David sagt, und dann reden wir weiter. Weder Nina noch ich laufen dir davon!", so meine abschließenden Worte.

„Alles klar, Hans, servus!", und aufgelegt hatte er.

Am Dienstag der darauffolgenden Woche rief mich David Dohles Sekretärin an: „Dohle Entertainment Company, guten Tag, spreche ich mit Herrn Julier?"

„Ja, das bin ich", war meine Antwort.

„Linda Mey, guten Morgen Herr Julier, ich bin die Sekretärin von Herrn Dohle und darf Sie zum ihm durchstellen!"

„Guten Morgen, mein lieber Wiener Freund", begrüßte mich David. „Alles bestens bei dir?"

„Geht schon, kann nicht klagen, danke!", bekundete ich.

„Kommen wir gleich zur Sache. Vorab gratuliere ich dir! Nina ist wahrlich ein aufgehender Stern am Schauspielhimmel, ein noch ungeschliffener Diamant auf dem besten Weg, ein Brillant zu werden. Ich bin beeindruckt, mehr kann ich nicht sagen, einfach beeindruckend.

Lange Rede, kurzer Sinn: Lassen wir Nina jetzt dieses Engagement bei Friedrich abschließen und auch die ersten Folgen für Roger Goldmanns Kriminalkomödie „Kavaliersdelikt“ drehen. Dann sehen wir beide, wie sich Nina in Filmrollen verwirklicht.

„Ich bin davon überzeugt, dass sie auch in diesem Metier eine gute Figur macht, aber dann haben wir es schwarz auf weiß. Was hältst du davon, Hans?“

„Das ist sehr gescheit, genauso sollten wir das machen. Und was dann, was hast du vor mit ihr, David?“

„Hans, ich rede nicht gerne über Visionen, aber ich habe eine ganz bestimmte Vision, seit ich dich kennenlernen durfte. Lass dich bitte überraschen!

Wenn alles so verläuft mit Nina, wie wir beide es uns vorstellen, dann drehen wir noch in der zweiten Jahreshälfte einen Film mit dir und Nina in den Hauptrollen. Das Drehbuch ist bereits fix in meinem Kopf gespeichert, mehr aber verrate ich nicht.“

Max fuhr jedes zweite Wochenende zu Nina nach München. Am letzten Wochenende im Juni, wo Ninas Engagement im Deutschen Theater in München endete, wollte er mich mitnehmen, Nina hatte ihn darum gebeten.

Er rief mich daher am Donnerstag, dem 26. Juni, an und fragte, ob er mich am Freitag um zehn Uhr abholen dürfe.

„Sehr gerne, danke“, antwortete ich ihm, „kann es eh schon nicht mehr erwarten, Nina wiederzusehen!“

Am Freitag sahen wir uns die letzte Vorstellung von „Fräulein Julie“ an. Nina glänzte wieder in ihrer Rolle, das Publikum war begeistert. Blumen für Nina wurden, als sich das Ensemble beim Publikum verabschiedete, auf die Bühne geworfen.

Beim gemeinsamen Abschieds-Abendessen, wieder in demselben Hotel, sprachen Friedrich und Karla noch sehr bewegende Worte, die mit dem Satz endeten: „Liebe Nina, wir danken Ihnen für die wunderschönen zwei Monate unserer

Zusammenarbeit. Auch wenn Sie noch eine große Schauspielkarriere vor sich haben, wovon wir beide überzeugt sind, denken Sie bitte immer an den Beginn Ihrer Karriere bei uns zurück, wo Ihnen die Türen zu unserem Theater immer offenbleiben!"

Da es unser letzter Abend in München war und Friedrich und Karla sich schon verabschiedet hatten, begaben wir uns noch an die Bar, denn Max wollte noch mit Nina und mir anstoßen, worauf, sagte er nicht.

„Drei Glas Champagner, bitte", bestellte er. „Na, worauf stoßen wir denn an, mein Schatz, mit so teurem Champagner noch dazu?", strahlte Nina ihn fragend an.

„Vergangene Woche", erzählte Max, „erhielt ich die Fixanstellung als Arzt in der Wiener Privatklinik, der WPK, in der Abteilung für Kinderorthopädie. Mein Ziel ist es ja, Facharzt für Kinderorthopädie zu werden und diesem Ziel bin ich jetzt ein Stück nähergekommen, das macht mich überglücklich!"

Nina sprang vom Barhocker und umarmte und küsste ihn.

„Mich erst, Max, ich freue mich ja so mit dir!"

„Herzlichen Glückwunsch auch von mir, lieber Max. Kinderarzt ist ein so schöner Beruf, die armen, kranken Hascherln wieder gesund zu machen, gibt's was Schöneres für einen Arzt?", sagte ich.

Lange Zeit konnte ich nicht einschlafen. Dass ich so schöne Momente noch erleben durfte, hätte ich mir nicht träumen lassen.

Am Sonntag fuhren wir gleich nach dem Frühstück alle drei zusammen zurück nach Wien. Nina und Max erzählten mir, dass sie bis zwei Uhr morgens an der Bar gewesen waren und beide noch Champagner getrunken hatten. „Danach war ich wieder beschwipst!", sagte Nina, „aber diesmal war ja mein Max dabei und hat auf mich aufgepasst!" Anschließend schlief sie auf der Rückbank ein und wachte erst wieder vor den Toren Wiens auf.

Als sie aufwachte, fragte sie Max, ob er sie gleich nach Hause bringen könne. „Na klar, willst du aber vorher nicht noch was essen mit uns?“, fragte er Nina.

„Ja, warum nicht, ich bin eh schon ein bisschen hungrig.“

„Bei mir in der Nähe gibt es ein gemütliches Gasthaus mit hervorragender Küche“, sagte sie. „Ich war mit meinen Eltern öfters dort“, erzählte sie.

„Na gut, da fahren wir hin!“, bestimmte Max.

Dieses Mal bestand ich, trotz Max' Widerspruch, aber darauf, die beiden einzuladen. „Wo kommen wir denn da hin, ich kann mich doch nicht ständig von euch aushalten lassen“, protestierte ich.

Das Gasthaus übrigens wollte ich mir merken, original Wiener Küche, das Essen war hervorragend.

Max brachte zuerst Nina und dann mich nach Hause. Bevor Nina ausstieg, bemerkte sie noch mit Nachdruck: „Hansi-Opa, du weißt schon, dass ich am Sonntag bereits nach Hamburg fliege, diesmal aber für längere Zeit. Den Abschied müssen wir spätestens am Samstagabend gemeinsam feiern. Ich ruf dich rechtzeitig an. Bussi, Hansi-Opa!“

Zu Hause angekommen, wurde mir erst bewusst, dass meine Nina jetzt für drei Monate weg war. „Ja, was mach ich denn so lange Zeit ohne sie. Na, des halt ich nicht aus, da werde ich zumindest einmal im Monat, wenn sie das möchte, zu ihr nach Hamburg fliegen. Ganz allein lasse ich sie keine drei Monate“, waren meine besorgten Gedanken.

„Max wird jetzt, wo er die Anstellung im Krankenhaus hat, auch nicht jede Woche nach Hamburg fliegen können. Da werde ich mich halt mit ihm absprechen, so machen wir das. Jetzt geht's mir gefühlsmäßig gleich wieder besser!“

In dieser Woche ließ ich es gemütlich angehen, Nina rief einige Male an und erzählte von den Vorbereitungen für die Reise. Sie erwähnte auch, dass sie zumindest einmal im Monat nach Wien kommen würde, allein, um die Kleidung zu wechseln. „Sonst muss ich mit fünf Koffern nach Hamburg reisen“, sagte sie, zwei zum Bersten volle Koffer hätte sie ja sowieso schon.

Nina erzählte mir auch, dass sie für die drei Monate in Hamburg ein Studio-Appartement in Hamburg-Altona, in der Altstadt, zur Verfügung gestellt bekam. Es läge gleich in der Nähe der Goldmann-Universal-Studios, mit wunderschönem Blick auf die Elbe.

Am Freitag um 19 Uhr trafen wir uns in einem kleinen netten Restaurant im ersten Bezirk zu Ninas Abschiedsfeier.

Nina hatte außer Max und mich nur noch Fini und Sabine, Max' Schwester, eingeladen. Es war sehr gemütlich. Fini erzählte Episoden aus ihrem kurzen Berufsleben als Maskenbildnerin, auch über kleine *Fauxpas* mit den Schauspielern, die ihr diese jedoch nicht übelnahmen. Sabine fieberte schon dem Abitur entgegen. „Wenn alles klappt, dann begeben wir uns zu dritt, dir Hansi-Opa, habe ich es ja schon beim Heurigen erzählt, auf die Reise und besuchen unseren Opa an der Gold Coast in Brisbane in Australien."

„Du schaffst die Matura mit Leichtigkeit, liebes Schwesterlein", sagte Max, „und deine beiden Schulkolleginnen auch! Und dann: Ab nach Australien!"

Nina war ungewohnt ruhig, sie wirkte auf mich ein wenig nachdenklich, weswegen ich wissen wollte, was mit ihr los sei.

Da fing sie plötzlich an zu weinen und schmiegte sich an Max. „Ja, was ist denn geschehen?", fragte ich sie abermals. Als sie sich ein wenig beruhigt hatte, sagte sie mit weinerlicher Stimme: „Jetzt bin ich das erste Mal in meinem Leben so richtig verliebt und schon gibt es eine längere Trennung von Max. Es mag für euch naiv klingen, aber monatelang, jeden Abend weit weg von hier, verliebt und allein im Hotelzimmer zu verbringen, das ist nicht schön!"

„Nina", versuchte Max sie zu beruhigen und drückte sie fest an sich, „keiner kann dich besser verstehen als ich, mir geht es ja ganz gleich wie dir. Dennoch habe ich aber schon die Lösung, wie wir dir deine Einsamkeit verkürzen!

Hansi-Opa wird dich einmal im Monat am Wochenende, besuchen kommen, hat er mir gesagt, ich komme zweimal und einmal kommst ja du nach Wien. Na, mein Schatz, klingt das schon besser für dich?"

„Viel besser, danke!", antwortete Nina und entschuldigte sich für ihren Gefühlsausbruch. Sabine tröstete sie sofort mit den Worten: „Liebe Nina, das war herzzerreißend, wie schön muss Liebe sein, vielleicht, oder besser hoffentlich, meint es die Liebe auch mit mir einmal so gut!" Fini schloss sich diesen Worten zustimmend an.

„Na, Gott sei Dank, jetzt lacht sie wieder, meine Nina!", dachte ich mir und mein starkes Herzklopfen ließ langsam nach. Ich konnte das sehr gut verstehen, aus eigener Erfahrung. Wie lange war ich von meiner Blanca getrennt gewesen, hatte sie auch nur besuchen können, wenn's möglich war. Aber an das wollte ich gar nicht mehr denken, es war zu schrecklich!

Vom Flughafen rief mich Nina vor dem Abflug noch einmal an: „Hansi- Opa, jetzt ist es so weit, ich habe mich gerade von Max verabschiedet und trockne meine Tränen, tschüss, lieber Hansi-Opa! Sag bitte nichts, sonst fang ich gleich wieder zu weinen an. Eine ältere Dame hat mich so schon gefragt, ob es mir nicht gut gehe. Auf Wiedersehen Hansi-Opa, ich habe dich lieb!"

„Warum tut Abschied immer so weh", sagte ich zu mir und wischte mir dabei ebenfalls die Tränen aus meinem Gesicht.

In der darauffolgenden Woche rief mich Max an und teilte mir mit, dass Nina gut angekommen sei. Ihr Appartement hätte zwei Schlafzimmer, sei nobel eingerichtet und im ersten Stock des Hotels befinde sich auch ein vornehmes Restaurant mit exzellenter Küche.

„Sie hat auch gesagt, dass wir, wenn du oder ich sie besuchen kommen, in ihrem Appartement übernachten können, da es ja zwei getrennte Schlafzimmer hat. Sie hat auch von Emily schon die Drehbücher für die ersten drei Folgen zum Einstudieren bekommen.

Gegen Ende dieser Woche, soll ich dir sagen, meldet sie sich telefonisch bei dir. Nächste Woche flieg ich nach Hamburg, die Woche darauf könntest du sie besuchen, Hansi-Opa."

„Fein, Max, danke für die Information, genauso machen wir es."

Mittwoch Vormittag rief mich Herr Bruckmüller von seinem Büro aus an und fragte mich, ob ich Zeit hätte, mit ihm auf einen Kaffee oder zum Heurigen zu gehen. Er hätte einiges zu berichten.

Wir verabredeten uns für Samstag um zwöf Uhr beim Heurigen Martin Sepp in Grinzing, den Herr Bruckmüller sehr gut kannte, wie er erwähnte.

Die Fahrt mit der Tramway von Döbling nach Grinzing dauerte nicht lange, deshalb war ich auch zu früh beim Heurigen. Ich schaute mir die Gegend ein wenig an. Also, was da gebaut wurde, leere Grundstücke gab es ja fast keine mehr, stellte ich fest.

Mit einem Parkwächter, er schrieb gerade einen Strafzettel wegen Falschparkens, kam ich ins Gespräch. Er erzählte mir, dass in Grinzing, ein Nobelbezirk war's ja immer schon, der Grundstückspreis nahezu unerschwingliche Höhen erreicht hätte. Ein Quadratmeter in bester Lage, sofern überhaupt noch was zu bekommen sei, koste mehr als 2.500 Euro. „Das ist für den gehobenen Mittelstand nicht mehr leistbar, nur für die Reichen", meinte er.

„Na, ja, Reiche hat's und wird's immer geben, nur die Armen werden halt leider immer mehr, wie's ausschaut!", erwiderte ich.

Schau, da kommt er schon der Herr Bruckmüller. „Hallo, da bin ich!", rief ich ihm zu!

Wir suchten uns einen schönen Platz im Heurigen und bestellten Wein und Mineralwasser. „Mittags gibt's immer ein Buffet, man kann aber auch à la carte bestellen!", machte mich Herr Bruckmüller aufmerksam.

„Sehr gut, da nehm ich heute was vom Buffet, ein gutes Schweinsbrüstl vielleicht, wenn sie das haben", freute ich mich.

Wir bedienten uns am Buffet, nahmen beide das Schweinsbrüstl mit Kraut und Knödel, ich nahm mir noch einen Salat dazu.

Es schmeckte köstlich. Nach dem Essen fragte mich Herr Bruckmüller: „Herr Julier, wollen wir uns nicht duzen?"

„Ja, gerne", antwortete ich, „also, ich bin Johann oder Hans, wie du magst!"

„Na dann, Ingo heiß ich – prost, Hans!", erwiderte er und wir stießen darauf an.

„So, Hans, das wird dich sicher interessieren", begann Ingo zu erzählen. „Toni hat seine Verletzungen überstanden, er musste mehrmals operiert werden und hat sogar ein neues Hüftgelenk bekommen. Er weilt nach wie vor im Krankenhaus.

Die italienische Polizei hat uns darüber informiert, dass Tonis Vater nach dem Schussattentat auf Toni unter falschem Namen von Rom nach Havanna in Kuba per Flug ausgereist ist. Kuba hat nämlich kein Auslieferungsabkommen mit Italien. Antonio Riccos Lager in Reggio in Kalabrien waren leergeräumt, nur drei Angestellte arbeiteten im Büro und wussten, wie nicht anders zu erwarten, von all den Dingen natürlich nichts.

Auch Tonis Firma in Wien ist bereits geschlossen, Strom und Telefon wurden abgemeldet.

Tonis Mutter hat die Scheidung eingereicht, das hat sie der Staatsanwaltschaft beim Verhör mitgeteilt. Sie war in die Geschäfte ihres Mannes und in die von Toni nicht eingeweiht.

Ein zweiter Container mit der Schmuggelware war doch im rumänischen Frachter, angeblich wurde er erst im Hafen Deggendorf in Bayern entladen und dann von einer Spedition aus Tschechien abgeholt. Die deutschen Behörden haben von uns keinen Hinweis bekommen, da wir ja auch nichts wussten, und sind deshalb auch nicht eingeschritten. Es fehlt nach wie vor jede Spur des Containers.

Ich bin gespannt, Hans, was Nina dazu sagt, wenn du es ihr erzählst."

„Was ich sicher *nicht* tun werde", antwortete ich, „ich sag dir auch, warum: Nina ist seit Wochen unsterblich verliebt in Max, er ist nun Arzt in Wien, deine Tochter Fini kennt ihn ja. Die Sache mit Toni ist für Nina ein für alle Mal abgeschlossen, Gott sei Dank!

Ingo, du musst dir die Schicksalsschläge dieses Mädchens vorstellen: Zuerst hat sie beide Eltern verloren, du und deine großartige Familie haben sie dankenswerterweise wieder aufgerichtet und ihr wieder Halt im Leben gegeben. Und dann kam gleich darauf die Enttäuschung mit Toni. Lieber Ingo, ich denke, das reicht!

Nun ist Nina für drei Monate in Hamburg, hat die weibliche Hauptrolle in einer zehnteiligen Kriminalkomödien-Serie bekommen. Das ist ihr erstes Filmdebüt, auf das muss sie sich jetzt zu hundert Prozent konzentrieren, was sie auch akribisch tut, du kennst sie ja", ergänzte ich noch.

„Hans, daran habe ich nicht gedacht, entschuldige bitte, du hast absolut recht!", stimmte Ingo mir zu.

„Du weißt es, ich weiß es, also, Schwamm darüber!", so sein Resümee.

„Auf das stoßen wir an. Herr Ober, der Weinkrug hat ein Loch, auffüllen bitte!", rief Ingo dem Ober zu.

„Ein schöner Abend ist das, Ingo! Darf ich dich heute einladen?", fragte ich ihn.

„Kommt ja gar nicht in Frage, Hans, du bist *mein* Gast. Beim nächsten Mal bist du dran"

Mein *Handy* hatte ich wieder einmal daheim liegen gelassen. Als ich nach Hause kam, gab es zwei Anrufe von Nina in Abwesenheit.

Da es erst 21 Uhr war, rief ich gleich zurück.

„Hallo Hansi-Opa, danke für den Rückruf, wie geht es dir?“, begrüßte mich Nina fröhlich.

„Gut, meine Liebe, ich hoffe, dir auch!“,

„Ja, ich studiere meine Rolle ein, sonst mach ich eh nichts anderes den ganzen Tag, außer ein bisschen an der Elbe entlang spazieren gehen. Meine Gegenspielerin im Film, sie heißt *Ella Storm*, so ist ihr Künstlername, habe ich auch schon kennengelernt. Wir waren schon zweimal gemeinsam abendessen. Eine liebe, legere Person, sie kommt aus Rostock, der *ehemaligen DDR*, lebt aber schon einige Jahre in Hannover.

Hansi-Opa, ich brauch bitte deinen Rat. In der zweiten und dritten Folge der Serie sind im Drehbuch zwei Nacktrollen in Liebesszenen mit mir vorgesehen. Liebesszene ja, aber sicher keine Nacktrolle, das geht gar nicht bei mir. Was soll ich denn jetzt machen, Hansi-Opa, sag *du* es mir bitte!“

„Nina, sprich mit Emily, der Drehbuchautor soll die Rolle umschreiben, die Nacktszene muss entweder raus, gedoubelt oder von einer anderen Darstellerin in diesem Film gespielt werden. So einfach ist das, das Problem kenn ich!“

„Du kennst das Problem, Hansi-Opa, aber woher denn?“, fragte Nina mich. „Kennen ist das falsche Wort, falsch ausgedrückt habe ich mich. Aus Filmen her, meinte ich, da habe ich schon einige Male davon gehört, dass Rollen getauscht werden oder umgestellt!“, versuchte ich, mich aus der Peinlichkeit herauszureden.

„Na gut, wenn du meinst! Mit Ella, meiner Gegenspielerin im Film, habe ich auch schon darüber gesprochen. Sie würde die Szenen sofort spielen!“

„Na dann, auf zu Emily! Hast du sonst noch was auf dem Herzen?“, fragte ich sie.

„Nein, Hansi-Opa, danke für deinen Ratschlag, du hast ja immer und für alles eine Lösung, das ist so beruhigend für mich. Bussi, tschüss, Hansi- Opa, alles Liebe!“, waren ihre Abschiedsworte.

„An diesem Wochenende kommt Max sie besuchen, das darauffolgende bin ich dran, freu mich schon drauf. Die Zeit vergeht eh so schnell!“, fasste ich gedanklich zusammen.

Da fiel mir ein: „Wo bekomm ich denn die Flugtickets her, muss ich die am Flughafen kaufen? Wann ist Samstag Morgen der Abflug in Wien und wann kann ich am Sonntagnachmittag von Hamburg wieder nach Wien zurückfliegen?“

Also beschloss ich, am besten Max zu fragen, ob er mir dabei helfen könne.

Gleich am Montag der darauffolgenden Woche rief mich am Nachmittag Max von der Klinik aus an. Er erzählte mir vom schönen gemeinsamen Wochenende in Hamburg, und dass sie beide die romantische Hafenatmosphäre während einer 90-minütigen abendlichen Rundfahrt genossen hätten.

Nina ginge es so weit gut, sie habe auch mit Emily wegen der Nacktszenen gesprochen. Emily hätte Verständnis dafür gezeigt und die Nacktszenen umbesetzen lassen. Ninas Kollegin Ella würde die Szene wahrscheinlich spielen, und heute würde schon der erste Drehtag für die erste Folge der Serie sein.

„Da bin ich aber froh, dass Emily die Umbesetzung veranlasst, hat“, antwortete ich.

„Hansi-Opa, ich habe eine Bitte an dich oder, besser gesagt, Nina. Sie hat mir ihren Wiener Wohnungsschlüssel mitgegeben, damit ich dir einige Kleinigkeiten für sie mit nach Hamburg geben kann. Du fliegst an diesem Wochenende zu ihr, nicht wahr?“, erkundigte sich Max.

„Ja freilich“, antwortete ich. „Mein Gott, des trifft sich gut! Max, kannst du mir bittschön dabei helfen, meine Flugtickets zu bestellen, ich weiß nämlich nicht, wie ich das machen muss.“

„Ja klar“, erwiderte er, „dass erledigen wir gleich an Ort und Stelle bei dir, dann brauchst du nur mehr am Flughafenschalter *einzuchecken*. Die am Flugschalter drucken dir auch gleich das Ticket für den Rückflug aus.

Wenn es dir recht ist, Hansi-Opa, komme ich am Mittwoch am Abend bei dir vorbei. Heute und morgen habe ich nämlich Nachtdienst."

„Ja, bitte, ich freu mich schon, danke, Max!"

„Hoffentlich passt das alles in meinen kleinen Handkoffer hinein, dann brauch ich kein Gepäck aufzugeben", machte ich mir Sorgen. „Den Reisepass nimm ich sicherheitshalber auch mit."

Als Max und ich gemeinsam mit dem Auto nach Deutschland gereist sind, erinnerte ich mich, haben uns die Zollbeamten an der Grenze von ihrem kleinen Hüttel aus einfach durchgewunken. Ich wunderte mich, denn das gab's früher nicht, habe aber nichts gesagt.

Da meinte Max plötzlich: „Hansi-Opa, was sagst du, das ist der Vorteil der Europäischen Union, kein Zoll mehr unter den Mitgliedstaaten. Früher haben wir da oft lange gestanden, an der Grenze!"

„Wem sagst du das!", antwortete ich ihm und dachte still und leise: „Gut, dass ich vorher nichts gesagt habe, denn von der Europäischen Union habe ich noch nichts gehört, da muss ich mich jetzt erst informieren."

Am Flughafenschalter standen mindestens 20 Leute an. „Na, bravo!“, dachte ich mir. „Da komm ich zu spät ins Flugzeug, das geht doch nicht!“

Hinten, als Letzter in der Warteschlange, stellte ich mich an. Da sprach mich ein junger Mann an. „Haben Sie kein Gepäck zum Aufgeben?“, fragte er mich.

„Nein, ich meine, ja, ich habe keines zum Aufgeben“, antwortete ich.

„Dann kommen S' bitte mit, das können Sie am Ticketautomaten auch erledigen, ich zeig Ihnen, wie das geht.“

„Sehr freundlich, junger Mann!“, bedankte ich mich.

„So, alles erledigt, da ist auch Ihr Rückflugticket. Kontrollieren Sie es rasch, ob die Daten alle stimmen!“, machte er mich aufmerksam.

„Mach ich! Danke noch mal, danke!“, waren meine Worte der Erleichterung.

„Wird schon passen!“, dachte ich bei mir und machte mich auf den Weg zum Flugsteig. Alles funktionierte reibungslos und schon saß ich im Flieger.

„Diese jungen Leute heute sind großartig, so hilfsbereit, und sie kennen sich überall aus!“, überlegte ich.

Nach der Landung läutete mein *Handy*, es war Nina. „Hallo Hansi-Opa, ich warte am Ausgang auf dich, Bussi!“ Jetzt beeilte ich mich erst recht, konnte es gar nicht erwarten, sie in die Arme zu nehmen.

Da stand sie schon, meine Nina. „Hallo Nina!“, rief ich ihr zu und umarmte sie. „Danke, dass du mich abholen kommst, wäre aber nicht nötig gewesen.“

Mit dem Taxi fuhren wir in ihr Hotel. „Ein wunderschönes Appartement ist das – und so groß!“, wunderte ich mich.

„Ja, Hansi-Opa, und da ist dein Schlafzimmer, mach es dir gemütlich!“, antwortete Nina.

„Emily hat uns heute Nachmittag ins Filmstudio eingeladen, weil sie dir Szenenausschnitte aus der ersten abgedrehten Folge der Serie vorführen möchte“, teilte sie mir dann mit.

„Wirklich, das ist sehr freundlich von ihr. Gut schaust du aus, Nina, geht's dir auch gut?“

„Ja, danke, meine Schauspielkollegen und -kolleginnen sowie das ganze Team sind sehr professionell, wir kommen gut miteinander aus, bis dato gab es keine Diskrepanzen!“

„So soll's sein!“, erwiderte ich. „Was sagst du denn zum Drehbuch, ist der Inhalt dieser Kriminalkomödien-Serie spannend? Gibt es etwas Neues in dieser Serie fürs Publikum?“, fragte ich Nina.

„Ich denke schon“, antwortete sie. „Denn das Ganze spielt sich nicht in den *Slums* ab, sondern im Milieu der sogenannten *High Society*. Die *Gang*, also wir, fallen komplett aus der gewohnten, finanziell und materiell abgesicherten Rolle. Dabei fallen auch nahezu alle Tabus. Die *Gang* will deutlich aufzeigen, dass sie die Umverteilung zwischen Reich und Arm selbst ins Rollen bringen kann. Im Kampf für die Gleichberechtigung wird diese Kluft seit Jahren immer größer, aufgrund dessen sind uns nahezu alle Mittel, sogenannte „Kavaliersdelikte“ recht, um die Reichen zum Umdenken zu bewegen. Der eigentliche Sinn dieser Handlungen im Film wird augenscheinlich gemacht, indem die *Gang* aus der Bevölkerung immer mehr Zuspruch erfährt und dadurch in ihren Maßnahmen bestärkt wird. Die weiteren Folgen klingen also vielversprechend, die Drehbücher dazu kenne ich aber noch nicht!“, fügte Nina noch hinzu.

„Das ist ein gegenwärtig hochaktuelles Thema“, antwortete ich ihr. „Das interessiert die Menschen ganz sicher!“

Am Nachmittag freute sich Emily, mich zu sehen, entschuldigte ihren Mann, der mich schön grüßen ließ. Er befinde sich leider nicht im Lande.

Bei Kaffee und Kuchen zeigte sie uns einige Filmszenen aus der Serie. „Die erste Folge wird bereits kommende Woche im Fernsehen ausgestrahlt!“, erwähnte sie.

„Ninas attraktiver Filmpartner, er heißt Gilbert Corot, ist gebürtiger Franzose und 27 Jahre alt!“, fuhr sie fort. „Seine Mama ist Sardin und der Vater Franzose. Die Familie lebt schon seit über 20 Jahren in Saarbrücken. Gilbert spricht neben seiner französischen Muttersprache auch perfekt Deutsch und Italienisch. Nina und er unterhalten sich manchmal auf Italienisch, damit wir sie nicht verstehen!" scherzte sie und lächelte dabei.

„Hansi-Opa, so darf ich ja nun zu Ihnen sagen, wir haben Nina, wie Sie sehen, für den Film komplett *umgestylt*, sie zu einer extravaganten, attraktiven und ausgeflippten *Revoluzzerin* gemacht, wenn man so will, die aus gutem Hause stammt. Gemeinsam mit ihrem Filmpartner Gilbert, er stammt im Film aus einer Künstlerfamilie, der Vater ist Maler, die Mutter *Leadsängerin* in einer Band. Die Familie kämpft ständig mit Existenzproblemen. Die Bilder, die sein Vater malt, sind fantastisch, werden aber zu Spottpreisen von Galerien gekauft und zum zehn- bis zwanzigfachen Wert weiterverkauft. Ähnlich ist es auch mit der Band der Mutter. Diese bekommt für ihre Auftritte nur *Peanuts*, der Veranstalter verlangt jedoch unverschämt hohe Eintrittspreise. Solche ungerechten Situationen rief schlussendlich die *Gang* auf den Plan, sich für Gleichberechtigung einzusetzen."

„Nina schilderte mir bereits, worum es sich in dieser Kriminalkomödienserie inhaltlich dreht. Das Thema finde ich absolut zeitgemäß und aufregend, kommt beim jungen Publikum sicher sehr gut an. Kompliment!", antwortete ich Emily.

„Es freut mich, das insbesondere aus *Ihrem* Mund zu hören, danke schön, Hansi-Opa!", erwiderte sie.

Als wir uns von Emily verabschiedeten, war es schon nach 17 Uhr. Wir machten noch einen Stadtbummel und anschließend lud ich Nina in ein Restaurant mit Blick auf den Hafen zum Abendessen ein.

Am nächsten Tag bereitete Nina ein Frühstück für uns beide zu und ließ es sich nicht nehmen, mich anschließend mit dem Taxi zum Flughafen zu begleiten.

Beim Abschied winkte sie mir nach und weinte dabei schon wieder. Dies zu sehen, zerbrach mir wie jedes Mal fast das Herz.

„So, jetzt haben wir schon fast einen Monat hinter uns", dachte ich mir. „Net lange wird es mehr dauern und dann ist dieses Projekt auch abgeschlossen."

In den nächsten Wochen passierte nichts Aufregendes. Die Bruckmüllers flogen für drei Wochen nach Griechenland in den Urlaub, der Wiggerl fuhr für zwei Wochen nach Reifnitz an den Wörthersee zum Golfspielen.

Max rief mich an. „Hansi-Opa, im August musst du nicht zu Nina fliegen, denn vom 17. An habe ich zwei Wochen Urlaub bekommen und verbringe ihn mit Nina in Hamburg. Sie kommt dann am Samstag mit mir gemeinsam für zwei Tage zurück nach Wien. Da können wir uns dann sowieso sehen!"

„Fein, gute Idee!", antwortete ich. „Ist vielleicht eh besser so", dachte ich bei mir, denn diese Verabschiedung jedes Mal von meiner Nina, das halt ich eh nicht ewig aus, ist ja wahr."

Wir hatten diesmal einen wunderschönen, aber heißen August, was für mich kein Problem war, ganz im Gegenteil. Bei mir im Garten ist ein schöner Swimmingpool, da ließ ich's mir gut gehen. Ich nahm mir auch vor, einmal meine Nachbarn auf Kaffee und Kuchen einzuladen.

Es verlief wie geplant, Nina und Max kamen erholt vom Urlaub aus Hamburg zurück, Nina freilich nur bedingt, sie war ja mit den Dreharbeiten beschäftigt.

„Zwei Folgen sind noch zu drehen", berichtete sie mir, „dann habe ich es geschafft. Wir sind zirka zwei Wochen früher fertig als geplant, wenn nichts dazwischenkommt. Emily und Roger waren von den Fernseh-Einschaltquoten in allen Ländern begeistert. Ihren Aussagen nach waren sie über ihren Erwartungen.

Auch die Presse hat sehr positiv darüber berichtet. Sogar *Headlines* wie ‚Nina Hoff, ist das die neue „Greta Thunberg" für Gleichberechtigung – attraktiv – charmant und gnadenlos?', gab es zu lesen", erzählte mir Nina aufgeregt.

„Bin ich so, lieber Hansi-Opa?", fragte sie mich. „Im Film anscheinend ja, mein Liebes!", antwortete ich ihr.

In der zweiten Woche im September rief mich David Dohle, der Filmproduzent aus Berlin, an und fragte, ob ich die darauffolgende Woche in Wien sei. Er hätte einige Dinge in Wien und auch in Salzburg zu erledigen, deshalb bliebe er eine ganze Woche hier. „Ist dann auch Nina schon zurück aus Hamburg?“, fragte er mich noch. „Ja, sie ist zu diesem Zeitpunkt schon wieder da!“, antwortete ich.

„Hans, ich möchte mich sehr gerne mit dir und Nina zu einem gemeinsamen Mittag- oder Abendessen treffen. Ich habe etwas mit euch zu besprechen, du weißt schon, Hans, es geht um das geplante Filmprojekt mit dir und Nina. Ich will das aber nicht beim Heurigen in Gegenwart der anderen tun.“

„War das tatsächlich kein Scherz von dir, dass du einen Film drehen möchtest, mit *Nina* und mir?“, fragte ich ihn.

„Nein Hans, es war kein Scherz“, erwiderte David. „Das, was mir da vorschwebt, ist einzigartig, ihr werdet staunen!“

Am Wochenende holten Max und ich gemeinsam Nina vom Flughafen in Wien ab.

Mein Gott, wie hat sich das Mädel gefreut, wieder bei uns in Wien zu sein, freudestrahlend und winkend, kam sie mit ihrem Gepäckwagen auf uns zu.

Da es schon zwölf Uhr war, fragte Max, ob wir nicht gleich gemeinsam Essen gehen wollten, er würde uns einladen.

„Gerne“, antwortete Nina, da es im Flieger so nichts Gescheites zu essen gab, hatte sie schon Hunger.

„Wie sieht's mit dir aus, Hansi-Opa?“, fragte sie mich. „Bist du auch schon hungrig?“

„Ich will nicht immer euer Anhängsel sein“, erwiderte ich.

„Aber das bist du doch nicht, ganz im Gegenteil“, sprach sie, „wir freuen uns, wenn du bei uns bist. Nicht wahr, Max?“

„So ist es“, antwortete Max.

Beim Mittagessen erzählte ich den beiden von David Dohles Wunsch eines gemeinsamen Treffens mit Nina und mir, und dass er in dieser Woche in Wien sei.

„Weswegen?“, fragte Nina erstaunt.

„Einen Film mit uns beiden möchte er drehen!“, so meine Antwort. „Fragt mich aber nicht, was er genau vorhat! Ich habe keine Ahnung!“

„Dann hören wir es uns doch an“, sagte Nina. „Max soll aber auch mitkommen“, fügte sie hinzu.

„Natürlich, das ist doch klar!“, war meine Antwort.

„Hansi-Opa, Donnerstag und Freitag geht es bei mir nicht“, warf Max ein, da habe ich wieder Nachtdienst.“

„Alles klar, dann vereinbare ich um diese Tage herum einen Termin für den frühen Abend, wenn’s euch recht ist!“

„Ja, bitte“, antworteten beide.

„Mittwoch um 18 Uhr ginge es bei mir!“, sagte David, nachdem ich ihn telefonisch kontaktiert hatte.

„Treffen wir uns im Hotel Ritz-Carlton am Schubertring?“, schlug er vor. „Da wohne ich immer, wenn ich in Wien bin, und das Restaurant ist vorzüglich. Ich reserviere für 18 Uhr einen Tisch auf meinen Namen.“

„David“, unterbrach ich. „Nina möchte, dass ihr Freund Max, er ist Arzt, auch mitkommt.“

„Fein!“, antwortete David, „dann sind wir eben zu viert. Also, Hans, bis Mittwoch, servus“, verabschiedete er sich.

Nina und Max kamen am Abend mit dem Auto, ich mit der Straßenbahn.

David hatte einen sehr gemütlichen Tisch gewählt, wo wir uns ungestört unterhalten konnten.

Er erwartete uns schon im Restaurant und bat uns zu Tisch. „Danke, dass ihr gekommen seid! Sie sind also Max, der Arzt, nehme ich an. Hans hat mir schon erzählt, dass Sie Nina begleiten“, begrüßte David uns. „Das freut mich sehr!“

„Ganz meinerseits“, antwortete Max, „danke für die Einladung!“

„Wenn ich vorschlagen darf“, ergänzte David, „essen wir zuerst gemütlich und dann können wir uns entweder hier oder an der Hotelbar unterhalten, lasst es euch schmecken!“

Das taten wir. Die Speisen, die wir wählten, waren in der Qualität und auch im Geschmack kaum zu überbieten. Der Wein war ebenfalls vorzüglich. „Dem Preis entsprechend!“, dachte ich mir still.

Wir wählten anschließend für unsere Unterhaltung den gemütlichen Barbereich und bestellten uns exotische Cocktails.

„Also, meine Lieben“, begann David. „Ich habe eine Vision und will heute unverblümt und offen meine Gedanken darlegen, über Sie, liebes Fräulein Nina, und über dich, lieber Hans!

Seit ich Hans das erste Mal im Heurigen Schübel-Auer sah und kennenlernen durfte, ließ mich der Gedanke nicht los, dass hier der berühmte Schauspieler Hans Moser vor mir steht. Bitte unterbrich mich nicht, Hans!", fügte er hinzu.

„Die Ähnlichkeit mit Hans Moser, so, wie er redete, sein ganzes Gehabe, hat mich nur zusätzlich darin bestärkt. Als Hans im Laufe des Abends, der sehr gemütlich verlief, zu erzählen begann, über Sie, Fräulein Nina, wie er Sie durch Zufall kennengelernt hat, über Ihre hervorragende Ausbildung und den Abschluss im Max Reinhard Seminar, und dass Sie ihm ans Herz gewachsen seien und er nun versuch, Sie als angehende Schauspielerin zu unterstützen, dies alles war mir Bestätigung genug: Wer immer dieser Mann ist: Er hat hier auf Erden eine besondere Aufgabe zu erfüllen!

Ich las sehr viel über Inkarnation und Reinkarnation, schrieb sogar ein Buch über dieses Thema, da inkarnierte Seelen auf Erden in einen menschlichen Körper eintreten, um wieder als Mensch ihre Probleme aus dem Vorleben auflösen zu können und damit die Seele befreien."

„Herr Dohle", unterbrach Max, „heißt dieses Buch von Ihnen etwa: „Seelen gehen auf Reisen"? Wenn ja, dann habe ich es gelesen, sogar zweimal, weil es so interessant ist. Ich bin ganz auf Ihrer Seite, gehe konform mit allem, was in diesem Buch geschrieben steht!"

„Ja, Max, das ist mein Buch."

„Gratulation!", antwortete Max.

Nina hielt inzwischen fest meine Hand und fragte mich: „Hansi-Opa, und wie siehst du das?"

„Max hat mir schon erzählt, dass auch er an eine Art von Wiedergeburt glaubt, dass es keine Zufälle, sondern vom Universum geführte Bestimmungen, ja, Fügungen gibt, die wir Menschen als Zufälle deuten!

Was mich anbelangt, ja, was wollt ihr denn von mir hören? Wenn mich das Universum tatsächlich zu euch geführt hat, ja, dann ist es halt so, darüber freue ich mich auch, sehr sogar. Dass ich Hans Moser ähnele, das mag schon so sein, aber *bin* ich deswegen Hans Moser?"

„Ja", antworteten David und Max gleichzeitig. „Es ist zumindest die Seele in dir, die Seele des Hans Mosers!", antwortete David. „Denk bitte nach, lieber Hans, lass dein Leben Revue passieren. Gibt es da vielleicht doch einiges aufzuarbeiten? Du musst jetzt nicht darauf antworten, denk nur bitte darüber nach!"

„Und was hat das jetzt alles mit Ihrem neuen Film zu tun, Herr Dohle, und mit uns?", fragte Nina.

„Diese Seelenwanderung des Hans Mosers möchte ich verfilmen. Mit dir, Hans und Ihnen, liebes Fräulein Nina, in den Titelrollen!", antwortete David.

„Von der Inkarnation der Seele des Hans Mosers auf Erden, seine Vergangenheit bis zur Filmkarriere möchte ich ins Spiel bringen. Weiters das Kennenlernen zwischen euch beiden, mit allen Details dokumentieren. Ihren spannenden Karriere-Werdegang, Fräulein Nina, der maßgeblich durch die Unterstützung Ihres Hansi-Opas zustande kam, von Ihrem ersten Bühnenauftritt bis zum Engagement und in Folge der Kriminalkomödien-Serie.

„Apropos, mein Kompliment, Fräulein Nina, als *Revoluzzerin* im Film, haben Sie auch in Berlins Presse beste Kritiken bekommen, großartig!"

„Das klingt fantastisch!", warf Max begeistert ein. „Das interessiert die Menschen ganz bestimmt, davon bin ich überzeugt. So was wollen die Menschen gerade in dieser Zeit sehen, Jung und Alt!"

„Und was ist mit dir, Hansi-Opa?", fragte mich Nina. „Nein, ich habe dich zuerst gefragt!", stoppte Nina meinen Ansatz zur Gegenfrage.

„Ja, wenn du meinst David, dass daraus was werden kann, ich habe nichts dagegen!", so meine Antwort kurz und bündig.

„Hansi-Opa, dann mach ich es auch, wann hat man schon die Möglichkeit, mit einem Weltstar zu filmen!", strahlte

Nina. Sie erhob sich und sprach: „Es ist mir eine Ehre, Herr Moser, mit Ihnen am Filmset sein zu dürfen!“, und küsste mich auf die Wange.

„Herr Ober, vier Glas Champagner. Darauf stoßen wir an!“, freute sich David.

„Noch etwas, Hans, ihr müsst für diesen Film keinen Vermittlungsvertrag mit Wiggerl unterschreiben, mit Verlaub, aber damit hat er nichts zu tun. Den Vertrag machen wir direkt!“, unterstrich David.

„Das sagst aber *du* ihm!“, entgegnete ich.

„Na klar!“, war Davids Antwort.

„Wann soll denn Drehbeginn sein und wie heißt der Film?“, fragte Nina.

„Der Film heißt SEELENWANDERUNG und Drehbeginn ist Anfang Oktober“, so David. „Wir drehen in unseren Studios in Berlin, denn ich möchte, dass der Film zum Jahresende in den Kinos läuft. Für die Drehtage seid ihr im Hotel Adlon Kempinski untergebracht.“

„Na, dann, legt euch ins Zeug!“, freute sich Max.

Die Woche darauf erhielt ich von David bereits den Vertrag für mich und Nina zugesandt.

Max ließ die Verträge wieder von seinem Freund kontrollieren.

„Es ist alles in Ordnung mit den Verträgen, ihr könnt unterzeichnen. Das Honorar kann sich auch sehen lassen. Für jeden von euch sind im Vertrag 4.500 Euro netto pro Drehtag festgelegt und jeweils fünf Prozent von den Nettofilmeinnahmen“, teilte Max mir mit.

Nina und ich trafen in den kommenden zwei Wochen alle Vorbereitungen für die Berlinreise und den zweimonatigen Aufenthalt dort.

Max teilte ich mit, dass es mich freuen würde, wenn er auf Besuch nach Berlin zu seiner Nina käme, und dass ich die Flugkosten für die Reisen, egal wie oft er anreist, übernähme. „Keine Widerrede, Max!“, hielt ich unmissverständlich fest.

„Ich kann eh nichts mitnehmen, ein Testament muss ich auch schreiben, in dem ich Nina meine Gage vermache, wenn ich wieder zurückkehren muss, dorthin, wo ich hergekommen bin!“, plante ich schon gedanklich.

Die Filmtage in Berlin waren sehr anstrengend. Nina hielt sich erstaunlich wacker, aber sie ist ja noch jung. Ich musste mich einige Male schon überwinden, um nicht meinen Gefühlen freien Lauf zu lassen.

„Nina hat ihre Rolle so gefühlsbetont, einfühlsam und echt gespielt, das Mädel ist großartig. Die wird im Kino noch einige zum Heulen und zum Lachen bringen, davon bin ich überzeugt", schwärmte ich in Gedanken von ihr.

Wir drehten bis kurz vor Weihnachten. Der Film wurde zur Biennale in Berlin vorgestellt.

David lud uns beide als Hauptdarsteller und Max natürlich auch zu den Filmfestspielen ein. Nina saß neben mir und hielt meine Hand fest, als unser Film mit dem „Silbernen Bären" für den zweitbesten *Revival*-Film des Wettbewerbs ausgezeichnet wurde.

Wir beide wurden zur Ehrung auf die Bühne gebeten. Ich ließ Nina den Vortritt und sie hielt als Erste die Dankesrede. Diese war so ergreifend, dass man von der Bühne aus sehen konnte, wie einige Ehrengäste tief berührt weinten.

Um die Emotionen nicht weiter in die Höhe zu treiben, versuchte ich, in meine Dankesrede ein bisschen Unterhaltungswert reinzubringen, und erzählte von einigen lustigen Episoden.

Als sich die Ehrengäste anschließend erhoben und mir mit *Standing Ovations* applaudierten, bekam auch ich feuchte Augen.

Nina nahm mich anschließend an die Hand und wir gingen bei anhaltendem Applaus wieder zu unserem Tisch.

In Wien angekommen, schlug Nina vor: „Lass uns diese Woche noch am Freitag alle zusammen zum Schübel-Auer gehen, um dort zu feiern, wo alles begann.

Wir reservieren einen großen Tisch beim Schübel-Auer, laden die Bruckmüllers ein Max' Schwester Sabine mit ihren Freundinnen, die ja schon wieder aus Australien zurückgekehrt sind!"

„Ja, und ich lade den Wiggerl, den Friedrich, Emily, Roger, den David und den Friedl aus der Josefstadt ein."

„Gute Idee, Hansi-Opa!", erwiderte Max.

Es war Samstagabend, die fröhliche Runde war im Schübel-Auer angekommen und nahm am reservierten Tisch Platz, diesmal sogar bei Kerzenlicht. „Emily und Roger lassen sich entschuldigen", sagte Wiggerl, „sie sind im Ausland."

Der Ober kam, begrüßte uns und fragte: „Fehlt da nicht noch wer?" „Ja, unser Hansi-Opa!", rief Nina.

„Sie sind also Fräulein Nina?", fragte sie der Ober.

„Ja, die bin ich!", gab sie zur Antwort. „Dann darf ich Ihnen diesen Brief übergeben!", sagte der Ober.

Nina öffnete den Brief und wurde kreidebleich. „Was ist denn los, Nina?", fragte sie Max erschrocken. „Da, lies das bitte, es ist von Hansi- Opa. Ich kann es nicht, mir ist so schwindlig und übel!" Sie begann zu weinen und schmiegte sich schluchzend an Max.

Max las den Brief laut vor:

„Meine lieben Freunde, liebe Nina, schön, dass ihr alle hier seid. Meine Aufgabe auf Erden habe ich nunmehr erfüllt und Altlasten, die meine Seele schwer mit sich trug, aufgearbeitet. Somit ist sie davon befreit! Was mir blieb, sind all die wunderbaren Eindrücke und Erfahrungen, die ich hier auf Erden erleben durfte. Das Kennenlernen so vieler liebevoller Menschen, die mir offen- und warmherzig begegnet sind!

In diesem Jahr hier auf Erden bekam ich die Möglichkeit, meine Seele von den ungelösten Problemen aus meinem irdischen Leben zu befreien. Dich, liebe Nina, habe ich als mein Enkelkind gesehen und all die Zuneigung, Liebe und berufliche Hilfestellung gegeben, die ich wahrscheinlich meiner eigenen Familie unbewusst nicht zuteilwerden ließ. Die Gewissheit, dass du auf dem Weg bist, eine weltweit gefeierte Schauspiel-Diva zu werden und ich einen Teil dazu beitragen durfte, macht meine Seele glücklich.
Du, liebe Nina, wirst künftig deinen Weg als erfolgreiche Schauspielerin weitergehen und eine Schauspiel-Diva werden. Dich, liebe Fini, werden noch berühmte Theaterhäuser engagieren. Max, als Kinderarzt werden dich die Kinder lieben und deren Eltern schätzen.
Familie Bruckmüller, euch danke ich für das Vertrauen und die Großherzigkeit, die ihr mir entgegenbrachtet. Wiggerl, Friedrich, ihr ward mit mir gemeinsam die Karrierewegbereiter für Nina, dafür danke ich euch.
Lieber Friedl, du hattest mir immer alles vorausgesagt, was mit Nina und Fini geschehen würde, und alles ist auch eingetroffen. Vergelt's Gott!
Jetzt, meine liebe Nina, bitte lach wieder und denk immer daran, dein Hansi-Opa ist auch weiterhin bei dir!
Noch etwas will ich dir sagen: Ich habe testamentarisch verfügt, dass du meinen einzigen Besitz auf Erden bekommst, das ist meine Filmgage. Lade bitte auf meine Kosten all die heute hier anwesenden, lieben Freunde ein!“
Unterzeichnet war der Brief mit:

In Liebe bei euch!
Hans Moser

In diesem Augenblick begann das Kerzenlicht am Tisch zu flackern. Für Max und Nina war dies ein klares Zeichen, dass das Erdendasein des Hansi-Opas vollbracht war.

Sie sind überzeugt davon, dass er dennoch mit ihnen in geistiger Verbindung bleibt.

Ende – Fine – End

Bildquellennachweis:
S. 16, 18, 20, 27, 31, 34, 40, 97, 98, 109, 139, 154, 172, 173 © Alamy
S. 9 © Dodo Kresse
S. 24 © Uschi Frank
S. 29, 66 © AlK Film Production
S. 47, 76, 124, 161, 170, 171, 176 © Pexel
S. 38, 63, 64, 111, 113 © Ernest E. Kraxner
S. 91 © Deutsches Theater München Betriebs GmbH
S. 93 © Bildarchiv der Österreichischen Nationalbibliothek

Der Autor

Ernest E. Kraxner war über 25 Jahre für einen deutschen Großkonzern in Österreich und Ungarn als Geschäftsführer tätig. Er machte sich mit einer Marketingagentur selbständig, widmete sich dabei einem hochwertigen Nahrungsergänzungsmittel und wurde damit zum europäischen Marktführer.
Ernest E. Kraxners Motto ist: „Das Leben ist schön, sofern man es schön sehen will."

Der Autor freut sich auf jeden neuen Tag, verbringt seine freie Zeit gern mit seinen beiden Enkelkindern und liebt Reisen in ferne Länder. Im Jahr 2013 veröffentlichte er einen Geschichtenband für Kinder mit dem nachklingenden Titel „Ozzibus und die Wurzelmännchen".

Nun hat Ernest E. Kraxner mit „Hans Moser - Seelenwanderung: Berührende Zeitreise einer auf der Erde inkarnierten Seele" seinen ersten Roman für Erwachsene verfasst.

DER VERLAG

VINDOBONA
VERLAG SEIT 1946

ein Verlag mit Geschichte

Bereits seit 1946 steht der Vindobona Verlag im Dienst seiner Bücher und Autoren. Ursprünglich im Bereich periodisch erscheinender Journale tätig, präsentiert sich der Verlag heute als kompetenter Partner für Neuautoren am deutschen, österreichischen und schweizerischen Buchmarkt. Engagement, Verlässlichkeit und Sachverstand – das sind die Grundpfeiler, auf denen der Verlag seit jeher sicher steht.

Sie möchten mit Ihrem Werk das vielseitige Verlagsprogramm bereichern? Der Vindobona Verlag garantiert Ihnen eine professionelle Prüfung Ihres Manuskriptes durch das Lektorat sowie eine zeitnahe Rückmeldung.

Genauere Informationen zum Verlag
finden Sie im Internet unter:

www.vindobonaverlag.com